天下文化
BELIEVE IN READING

大城 小國

讓新北市微笑吧！

目次

Contents

自序

Preface

做好自己的事，微笑與幸福就會跟著到來

「好好做事」是我最常掛在嘴邊的話，也是長久以來信奉的原則，就像年幼時，那位為全家撐起一片天的阿爸，他總是默默地為這個家庭付出。在他的潛移默化之下，我相信只要好好做事，你的努力就會被看見，微笑與幸福也會跟著到來。

許多人認為我是一個憨慢講話的人，我認為自己是一個「坐而言，更要起而行」的行動派。就像十二年前，我毅然決然離開警察大學校長一職，轉而擔任新北市副市長，透過整合市府力量

來改善治安，八年後投入新北市市長的選戰，為的是多為人民做些事。

這十餘個寒暑以來，不敢說所有的事情都做到盡善盡美，但新北市的持續進步與改變，我相信是每位市民有目共睹的。

新北市如同一個縮小版的台灣，擁有各具特色的二十九區，有山有海、有都市也有偏鄉，四百萬人口是全國人口最多的縣市。因此，持續進步的新北市，一定有借鏡給全台灣之處。我相信新北好、北台灣一千萬人口好、整個台灣就會更好，這座大城市就像是一個小國家的縮影，這也是本書名《大城小國》的緣由。

四年前，我以「安居樂業」做為競選新北市長的口號。這四年來，我也以此為目標，和團隊與市民，一起將新北市打造為智慧城市、宜居城市，並以「三軸三線」打造出讓新北市民微笑的建設曲線，過去十年做好新北市升格的基礎工作，未來十年將是新北市翻轉，成為北台灣中心的最佳時機。

非常感謝遠見・天下文化事業群不放棄的邀約，總怕說得太多，而多次婉拒。經過一段時間的思考與掙扎，我知道確實是時候了，我們要讓更多人知道新北市的飛躍升格！

同時，更感謝遠見・天下文化事業群讓我有機會，可以好好地、仔細地讓讀者、市民朋友知道，新北市的進步與改變。我相信，這股力量會讓所有好好做事的人，都被看見。這個國家與社會，需要更多好好做事、努力做事的人，就像我在第七章〈奉公〉裡所提到的「台灣，沒有以私害公的空間」。

本書十個章節，彰顯了市府團隊的用心與付出。特別感謝每一位同仁、鄉里鄰長和各位夥伴，我們是團結一致，有著共同目標，努力做事的團隊。因為有您，在面對瞬息萬變的疫情和挑戰之下，新北市才能持續大步邁進。

希望各位讀者翻閱本書的同時，能夠與我一起，為新北市微笑吧！

人民能夠
安定的生

Chapter 01

格局

大城小國，打造充滿希望與進步的國際化都市。

早在二〇一九年的執政週年記者會上，侯友宜已宣示他對新北市的長遠規劃，是一幅完整且全面性的藍圖。

從打造捷運三環六線，到整合三軸三線、擘劃六大城市願景，格局，帶給他不斷向上、往外突破的力量，也為新北市未來的發展消除了邊界。

二〇二一年四月九日，上百位不同世代的企業家及管理精英紛紛起了個大早，連袂出席由《遠見》雜誌主辦、邀請「矽谷教父」約翰．漢尼斯（John L. Hennessy）跨海視訊發表演說的「二〇二一國際大師論壇」。

在這場知識的盛宴中，現任 Google 母公司 Alphabet 董事長、前史丹佛校長漢尼斯以「動盪中的領導力」為題，分享自身逾四十年的領導之路。回顧過往引領世界一流名校十多年的時光，他不僅談到「領導即服務」的哲學，更提醒在座經理人高績效領導的關鍵，不外乎「謙卑和真誠」。

進入活動的第二階段，侯友宜受邀從新北市的治理出發，透過其決策、市政願景及未來規劃，傳遞變局中如何展現領導力、帶領人民開創新局的經驗。

他在開場時說道，自二〇二〇年以來，全球廣受新冠疫情衝擊，加以國際情勢變動，致使產業面臨轉型挑戰、貧富差距擴大、政府負債攀升。除此之外，受到極端氣候的影響，各地災情不斷——在這場活動舉辦期間，台灣便面臨著近百年來最大旱災的考驗。

作為領導者，侯友宜認為不能只關注國際情勢變動及疫情發展，同時也必須思考，變局為人民帶來了哪些震盪，方能對症下藥，或及早為未來做好準備，進行長遠的策略布局。

以台灣已明顯感受威脅的氣候變化來說，他提醒溫室效應使氣溫上升，降雨型態劇變，水旱災比以往更嚴重，亦提高複合性災害的風險。預估至二〇三〇年，全球有六〇%的人口將面臨水資源短缺、糧食供需失衡，生物多樣性降低也會更為明顯。

牽起世界的手，共同改變未來

在將目光投向遠方的同時，務實者都明白「千里之行始於足下」。

為降低極端氣候的風險，侯友宜上任市長後不久，便發布了全台第一本SDGs永續發展自願檢視報告（Voluntary Local Review，以下簡稱VLR），並於二〇二〇年十一月響應舊金山、紐約等兩千個全球城市，宣布氣候緊急狀態。同一天，新北市政府也宣布將二〇三〇年減碳目標從二五%提高到三〇%，成為全台訂定最積極目標的城市。

二〇一九年版的VLR中，詳盡分享了新北市政府的SDGs政策，包括環保局的黃金資收站、經發局的新創政策、社會局的老人共餐及惜食分享網、

1. 新北市於二〇二一年底發布新版的 SDGs 永續發展自願檢視報告（VLR），全書皆使用永續材料製作而成。
2.3. 侯友宜、新北市祕書處處長饒慶鈺，與來自北歐的國際友人（左起：饒慶鈺、芬蘭商務辦事處代表米高〔Mikko Antero Karppinen〕、侯友宜、丹麥商務辦事處處長柏孟德〔Bo Mønsted〕、瑞典貿易暨投資委員會台北辦事處代表孔培恩〔Bengt Göran Mikael Carlsson〕）分享新北市的 SDGs 報告書。

教育局的幸福保衛站及新住民昂揚計畫、勞工局的三峽身心障礙者就業參與式預算、農業局的有機營養午餐、工務局的LED智慧節能路燈、衛生局的動健康、城鄉局的青銀共居、文化局的智慧圖書館、水利局的污水下水道工程等。各專業領域同仁在侯友宜的號召帶領下，與國際並肩，致力達成涵蓋經濟成長、社會進步及環境保護三大面向的十七項永續發展目標（Sustainable Development Goals, SDGs）。

二〇二一年底，在新北市主辦的「永續未來市：新北×北歐夥伴對話」實體暨線上論壇活動上，侯友宜接續發表了二〇二一年版的VLR，內容收錄包括新北超前部署的抗疫之路、翻轉垃圾山成為五股夏綠地、新北女力、智慧防汛系統、三環六線建設、青銀共居及綠色運輸等永續政策在內，橫跨新北市政府二十九個局處共計六十個SDGs案例，並邀請瑞典、芬蘭、丹麥在台辦事處的代表及北歐企業等國際友人，共同見證新北的永續實踐。

為確保「我們共同的未來[1]」，讓新北市穩健地走在永續發展的道路上，侯友宜率先全國，於二〇一九年加入「脫煤者聯盟」；二〇二〇年簽署《氣候緊急宣言》（Climate Emergency Decloration），成立「氣候變遷及能源對策執行委員會」，盤點當前溫室氣體排放現況，並訂立二〇三〇減碳三〇%的目標；二〇二一年，他宣布「零碳翻轉、新北先行」，舉行首屆「新北青年氣候論壇」，邀請青年代表及行動家分享新世代觀點。透過二〇五〇淨零碳規劃及路徑，研擬三大藍圖，包含第二行政中心碳中和、大型開發案導入零碳設計和

1 Our Common Future，為永續發展（sustainable development）最常見的定義。出自布倫特蘭委員會（Brundtland Commission）。

二〇二〇年，新北市長侯友宜在 Greenpeace 綠色和平（台灣網站）、台灣青年氣候聯盟 TWYCC（Taiwan Youth Climate Coalition）等青年團體見證下，正式簽署《氣候緊急宣言》。

打造八里淨零碳示範區，期望透過典範學習，帶動各界一同加入淨零碳行列。

根據全球性研究機構世界資源研究所（World Resources Institute, WRI）二〇二二年六月發布的最新文章指出，全球溫室氣體排放前十大國家產生了超過六八%的排放量。當中多數擁有龐大的人口與經濟活動，總計占全球人口的五〇%以上，占世界GDP的七五%。

所幸在全民致力減碳的耕耘下，台灣的經濟成長已與碳排放逐漸脫鉤。

從國際間經常作為衡量各國推動減碳工作績效指數的「碳密集度[2]」來看，依據EDGAR[3]資料顯示，台灣二〇一九年碳密集度較二〇〇五年減少

2 CO_2e/GDP，即每單位GDP的二氧化碳排放量。

3 歐盟執委會聯合研究中心（European Commission Joint Research Centre, JRC）全球大氣研究溫室氣體排放資料庫（Emissions Database for Global Atmospheric Research, EDGAR）。

三三%，遠勝全球成績[4]。顯示台灣近年來在低碳轉型與綠能產業方面的投入卓然有成，經濟持續成長。

面對全球溫室氣體效應與氣候變遷，促進城市能源轉型是世界潮流，侯友宜對風電、地熱、太陽光電等再生能源發展可謂不遺餘力。在新北市轄內，截止二〇二二年九月為止，共有九支風力發電機組，分布在林口區以及石門區，總設置量達一三．三四百萬瓦，每年平均發電量約可提供七千五百戶一年用電；新北首座地熱發電「金山硫磺子坪」，則預計於二〇二三年動工、二〇二五年完工，開發面積近兩萬平方公尺，預計地熱設置年發電量達二千七百萬度。

除了「開源」之外，侯友宜對鼓勵汰換節能設備等「節流」的推動，也有多項領先之舉。二〇二二年四月，新北市政府邀集能源照明、能源管理、商用冰箱、冷凍／冷藏等四大類型共十一家廠商，設置展示攤位與企業「節電媒合」，提供最低五折起的優惠。

活動現場，還提供專業用電健檢服務、能源議題講座、節電標竿企業分享節電祕訣等，內容相當豐富，除了吸引業者外，參與媒合洽談的民眾亦不在少數。

愛地球照明科技有限公司的連先生在參與活動時表示：「在疫情衝擊下，整體營業額受到影響。但是，市府一直以實際行動支援我們這些業者，例如提供場地及攤位等資源，增加知名度及曝光管道，以實際行動帶動經濟。」

4 二〇一九年全球碳密集度較二〇〇五年減少二〇・三三％。

一軟硬兼施，以國家格局進化市政未來一

自擔任新北市副市長後，侯友宜腦中就開始勾勒這個城市的新面貌。新北市範圍極大，廣袤千里。地貌上環山傍水，文化上新舊交融，此處繼承了歷史、也誕生了未來。但正因為新北市地大、人多、環境多元，侯友宜明白要讓這裡改頭換面，需要宏偉的視野及深謀遠慮。

對此侯友宜以國家格局進化市政未來，積極推動包含硬軟體兩大訴求的二〇三〇願景工程：硬體部分的主架構為「新北市的未來十年」都市更新計畫，搭配「三環六線」網絡式軌道建設，與「三軸三線」城市建設，從點、線、面全方位進行城市大翻轉；軟體部分則有滿足精神需求的「城市六大願景」，目標在將新北打造成幸福獨特的夢想城市。

針對點、線、面的全貌，他在二〇二一年三月受邀以「大城小國，新北十年願景」為題，於中華民國工商協進會發表演講時進行了詳盡的解釋。侯友宜

表示，所謂的「點」，指的是以大漢溪南的板橋行政中心、未來的三重第二行政中心和新莊副都心的中央合署辦公大樓，作為三個軸心發展，於再造大漢溪北的同時，平衡溪南、溪北。

「線」，指的則是交通串聯多核心。包括已通車的新北環狀線、淡海輕軌藍海線，將在二〇二二年前通車的安坑輕軌，接著還有將於二〇二六年前陸續通車的三鶯線、淡海輕軌二期和萬大中和線。依據侯友宜的藍圖以及市府的目標，二〇三〇年新北市境內將擁有一二一座車站，里程總計一三九．三公里。環環相扣的交通，是這座城市串聯眾多核心的大動脈。

最後是重新定義新北的「面」。

透過雷厲風行整治五股垃圾山、塭仔圳及蘆南蘆北地區，侯友宜展現的不只是個人的決心，還有重新定義新北人生活品質的強烈企圖，鼓舞他馬不停蹄地向前邁進，打造讓市民引以為傲的家園。

城市六大願景則涵蓋新住民、新領導、新趨勢、新美學、新創生及新聯結。侯友宜強調，新住民不僅是外國人口，更指來自中南部的移入人口，新北市有四百萬市民[5]，也是二〇一九年全台灣移入人口最多的城市，面對人口年輕化的趨勢，以及如何讓這些移入居民產生認同等問題，市府要有因應措施，讓移入人口認同新北作為第二故鄉。

為了讓六大願景不淪為口號、能夠落實為雙眼可見的成績，侯友宜向充滿活力的年輕人伸出了雙手。

二〇一九年八月，新北市政府與國立台灣藝術大學合作，將榮獲多項殊榮的設計應用於環保兩用袋上，並於四大超商限量販售。透過在垃圾袋上印製有趣的插圖，以及時下流行的「垃圾話」，產業與學界不但相互激盪出創新的能量、更搭起產官學合作的橋梁，藉由市府行政團隊跟資源，讓新美學和新創生

新北市與國立台灣藝術大學合作創新的「新美學垃圾袋」，不僅充滿趣味，更讓六大願景中的新美學與新創生得以落實。

得以落實跟擴大。

硬基礎加軟實力，布局科學產業園區拚發展

新北市擁有二十八萬家公司行號及二萬家工廠，占全國二四%，是首屈一指的工商暨人口大城，也是台灣產業發展的重鎮。相關單位長期有計畫地透過建置智慧園區、工業區立體化更新、TOD（即大眾運輸發展導向）模式等手段，配合法規鬆綁，借助容積獎勵、產業智慧化、便捷交通系統等策略，帶動產業升級轉型。

自二〇一九年起，侯友宜已洞燭機先，為新店區的寶高、寶興等智慧園區的發展，展開布局。其中由市府自行打造、經歷六次分段式招商後成功吸引國際級企業加入的寶高智慧產業園區，可謂箇中的具體實踐。

寶高智慧產業園區以高科技、智慧及環境保育為興建主軸，整體景觀則

圍繞「自然地景」、「再生能源」、「公共藝術」為核心。園區內不僅有挑高氣派的五星級大廳及多功能國際會議廳、各種智慧化設備、全生命週期BIM智慧建築管理系統，還有多樣性生物生存環境，具備科技感亦不忘顧及生態，且榮獲素有工程界奧斯卡美名之「公共工程金質獎」第二十一屆建築類特優工程。啟用首年即吸引鴻海精密、研揚科技、特斯拉、台灣國際航電、益興生醫等大廠投資進駐，出租率已達十九%。

除了寶高之外，以發展AI產業為目標的中華工程公司也將「錢進新北」，在土城區量身訂做第一座「客製化」AI智慧園區，結合雲端、大數據管理、物聯網、自動化智慧管理服務，引進智能、智慧、綠能及AI相關產業進駐，投資金額高達一三六億元，預計於二〇二五年第一季完工，預估可帶動一萬

5 據新北市政府民政局統計，二〇二二年二月起人口跌破四百萬關卡。

二千九百個工作機會，成為新北最大的AI智慧產業園區。

作為產業發展的「硬基礎」，各個智慧園區未來若能搭配政府的輔導政策，如帶領智慧產業出口拓銷、建立智慧產業平台等「軟實力」，則新北市的產業、經濟成長空間，將指日可待。

市府協助企業拓展海外市場不遺餘力，如國際採購商洽會（邀請國際買主至新北採購），自一〇二年至今，已連續舉辦十屆，更在一〇九年預見未來趨勢，率先導入線上商洽之虛擬模式，即使在新冠肺炎疫情肆虐期間，國際交流仍不中斷。今年度也率領新北企業，赴日本、德國大型國際電子展，以遠程參展模式，突破空間限制與防疫隔離政策，將新北優秀企業與城市形象，持續推廣到海外，爭取國際曝光。

─ 科技抗疫，受國際肯定 ─

這些年由於侯友宜的執著和努力，覺醒了民眾對於「我所居住的城市」的未來想像。世代定居於此的老台北縣民，留意到家鄉的進化；從外地遷徙而來的移民，為自己的選擇感到驕傲。

即使施政贏得肯定，眾人皆停下腳步為他鼓掌，侯友宜卻從不駐足，而是朝向遠方更高聳艱困的那座山，筆直前行——與國際標準同步甚至凌駕其上，就是侯友宜不斷努力翻越的山峰之一。

在全球疫情進入了新一波挑戰的階段，新北市「防疫虛擬病房與遠距數位關懷中心2.0」獲得二〇二二年GO SMART最佳願景城市計畫獎（Most Promising City Project）的肯定。此一獎項係由全球智慧城市聯盟主辦，二〇二二年度於評選第一階段收到來自十四個國家二十座城市，共計四十二項計畫參賽，最終僅十四項計畫入圍。

防疫虛擬病房部分，計畫囊括了智慧分級預警系統、物聯網生理數據中心、4G／5G智慧城市遠距視訊和結構化智慧決策模式四大功能，旨在運用非接觸式防疫追蹤管理工具，及人性化的關懷服務，在照顧民眾的同時保護醫療資源，並於疫情常態化之後，將醫療照護與疾病預防帶入民眾家中，完善持續性協同照護；遠距數位關懷中心的打造初衷，則是因應新北市公共衛生體系所面臨的挑戰，加上國際間對疫情規範逐漸鬆綁，國境恢復開放已成為必然趨勢，侯友宜盼透過更完善的設計，協助民眾於自主管理期間下載APP，結合數位化遠距關懷服務並配合中心關懷醫療團隊，以有效控制疫情。

過去幾年間，新冠疫情由一場突襲的大流行病轉變為全人類的長期抗戰，如何掌握科技主軸體現人文關懷，照顧居家隔離個案的心情，同時保護醫護體系遠離接觸感染的風險，成為包括新北市在內的全球各大城市共通課題。

在這場世紀性的災變應對中，侯友宜與新北市政府不時領全台之先，與全球並肩。這是他對這座城市的高規格設定，更是對市民的承諾。

為了因應疫情與城鄉差距等，新北市積極完善防疫虛擬病房及遠距數位關懷系統，更據此獲得二〇二二年 GO SMART 最佳願景城市計畫獎。

格局的開展，是透過縝密的市政規劃、解鎖圍籬內的世界。

在迎向疫後新時代的路上，侯友宜期望不只他獨自一人看到前方的希望，更重要的是能讓所有民眾都發現未來！

新北市政府的永續發展目標（SDGs）與決心

隨著科技發展、能源消耗、貧富差距等國際難題的到來，聯合國在二〇一五年提出了「二〇三〇永續發展目標」，包括：終結貧窮、消除飢餓、健康與福祉、優質教育、性別平權、淨水及衛生、可負擔的潔淨能源、合適的工作及經濟成長、工業化與創新及基礎建設、減少不平等、永續城鄉、責任消費及生產、氣候行動、保育海洋生態、保育陸域生態、和平、正義及健全制度及多元夥伴關係等共十七項，其中更涵蓋了一六九項細項目標、二三〇個參考指標。希望藉此引導各國的政府、企業、民眾，透過行動與決策，共同達到永續發展，以創造更和平共榮的環境。早在二〇一五年永續發展目標提出之際，已有一九三個國家表示同意在二〇三〇年之前，往達成SDGs的十七項目標而努力。

隨著聯合國發表永續發展目標、世界各國紛紛跟進後，美國紐約市是全球第一個發布VLR的城市宣言，為了接軌世界的脈動與堅定發展永續的決心，新北市於二〇一九年領先全台，首先發布《新北市永續發展目標地方自願檢視報告》（New Taipei SDGs VLR），此舉不僅是全台第一，同時更是全球第十個發表報告的城市。此外，新北市更於二〇二〇年受邀與紐約市共同簽署《紐約VLR宣言》（New York City VLR Declaration），與全球眾多地方政府共同推展聯合國永續發展目標。

在永續發展的十七項核心目標中，新北市將「以人為本」的精神融入，同時以將新北市建構為讓市民得以安居樂業的宜居城市為目標，選擇優先檢視SDG 11（永續城鄉）的各項指標，更以發展永續、智慧、科技城市為主要目標，並於各項核心目標，例如：優質教育、性別平權、氣候行動、保育海洋生態等，都有積極的行動。

1. 聯合國提出「二〇三〇永續發展目標」，並公布十七項核心目標。
2. 新北市分別於二〇一九年（左）及二〇二一年（右）發布 SDGs 永續發展自願檢視報告（VLR），以彰顯新北市對於實踐永續發展目標的決心。

Chapter 02

膽識

困難的並非做出決定，
而是為決定負責到底。

踏入社會的早期經驗讓侯友宜領悟到：
除暴安良不免得排除萬難、披荊斬棘；
而今為實踐安居樂業這個美麗的承諾，
憑藉過度的理想化將不足以成事。

膽識，是他走在為所應為的道路上，高舉的一把明亮火炬。

二〇二〇年四月，新北市政府六個局處相關人員浩浩蕩蕩來到五股垃圾山，同行的還有警察、拆除大隊和市議員。侯友宜站在怪手前，尚未開口講話，業者一看到市長團隊，連忙「唰——」一聲拉下鐵門。

「我是侯友宜，門給我打開，如果不開，我明天就派人來拆除！」侯友宜見狀，拿起手機毫不遲疑便撥電話給業者。

為了與盤據此地已久的勢力對峙，他事前做足了準備：提早派遣無人機，拍攝包括汽車拆解及砂石業在內的違法業者工作畫面，鉅細靡遺一路追蹤，鐵證如山。

沒想到，一位中年業主被找了回來，竟怒氣沖沖大飆髒話開嗆侯友宜——

「你少來這裡作秀！」

五股垃圾山位於新北市中興路、新五路高速公路匝道附近，緊鄰五股國小，面積龐大，最早是農地，後來被劃為淡水河洪水平原二級管制區，具有滯洪功能，地勢低窪、逢雨必大淹水。八〇年代台北捷運開挖，接連又有許多公共工程動工，營造業者向這裡的私有地主租地傾倒大量工程廢土，好幾十年下來，會淹水的窪地被填平，被愈堆愈高，堆積出一座垃圾山。由於交通便利，廢土之外，更引來回收廢五金、廢電纜等部分非法高污染業的鐵皮工廠，數量很可觀。

市議員陳明義在接受市民陳情後就曾無奈表示，「台六十五、台六十四，（在這些）最好的地方，每天在倒，請問以後怎麼清運？這些清運以後都是成本。現在仍然一車一車倒進來賺錢，未來這些土方要運出去，是算地主的還是政府的？」

白天砂石車來來往往，漫天塵土遮蔽天空整日不散，比霧霾還嚴重；夜裡一片漆黑，連路燈都沒有。非法業者摸黑焚燒垃圾、排放污水，氣味刺鼻，鄰近居民叫苦連天。但由於土地租賃有暴利可圖，引發黑道搶地，聚賭、色情也趁勢藏身於此，造成治安、公安、環安的大問題。光是要把這裡清理乾淨，就得耗費一百多億元。

更叫人頭痛的是，五股垃圾山光是地主名冊即破千人，其中各方角力非常複雜。

回憶起當時與五股垃圾山諸地主間的拉鋸，侯友宜相信在那一刻，所有違法廠商都在觀望，質疑他是否有能耐、甚至進一步採取行動。

「你愈挑戰公權力，我就愈要執行，這是老百姓對我的期待。」對著迎面而來的考驗，他於媒體專欄上如此回應。

新北市政府在五股垃圾山拆除工程中，展現出勢在必得的決心與行動力。

除了積極改造五股垃圾山外，侯友宜帶隊拆除位於板橋大觀路一段、經營職業賭場的違建鐵皮屋。據當地耆老在接受媒體訪問時表示，該區違章建築林立，自六十至七十年間即聚集非法行業，藏污納垢已久。面對形同污染源的治安毒瘤，為求除惡務盡，侯友宜及其團隊除了積極取締外，更祭出斷水斷電，甚至勒令停業等制裁。與此同時，他更大手筆強拆防火巷違建，對外推、增建、加蓋等妨礙逃生的二次施工，毫不縱容。

擔任新北市副市長時，他還曾要求強拆土城一家違規理容院。這家理容院經營八大行業，且整棟木作結構、部分消防設備不合格。現場怪手大舉施工，女性業主眼見生財屋舍被拆，氣憤得不得了，透過電視採訪控訴市府無情無義，聲稱願意自行拆除，並抱怨對方十六日提前到場張貼拆除公文，十九日就著手拆屋。

面對質疑，侯友宜隨即對外界說明。他強調早在一個月前，稽查小組在執行公安聯合稽查後，已開單要求業者限期一個月改善。其後經歷複查仍未通過，市府才將其列入優先拆除目標，並發文公告。

在執法程序完全合法的情況下，仍不乏不肖業者鑽營。施政過程中遭遇無數挑戰的侯友宜主張適時讓公權力介入，以彰顯政府的魄力與決心，也讓守法的民眾對政府更具信心。

尋找法理與人情的最大公約數

只可惜伴隨破釜沉舟而來的，往往是批評的聲浪。

對此，侯友宜盡力在法理與人情間，尋找合理的平衡點：面對民眾的住家違建，市府多給予自行拆除的寬限期；在拆遷五股垃圾山時，由於範圍廣、戶數龐雜，加上部分民眾消極抵制，在瞭解原因後，對於有困難者，他採用協助

五股垃圾山經過整頓與綠化後，不僅為當地帶來改變與綠意，更增添不少藝術與人文氣息。

搬遷、申請合法列管，取代強行處置，並要求通過輔導申請合法的違章工廠，必須設置一定比例的開放式綠化空間。合法化後，業者不僅要納稅，還必須受政府監督，且負起責任維護環境。

歷經一年半多的努力，髒臭長達三十年的五股垃圾山終於改變，逐漸展露清新綠意，暗藏的職業賭場、色情行業一掃而光，原本燃燒廢電纜產生的戴奧辛空污問題，也得到徹底解決。清整綠化後，這裡蛻變成為人氣新景點——五股夏綠地。

衝刺的前鋒，也是同仁堅強的後盾

過去長時間的從警經驗，為侯友宜明快果決的處事風格奠定了基礎——畢竟辦案時若猶疑不定，輕則可能與歹徒擦肩，重則甚至將斷送自己與同仁的性命。但正因如此，從推動都更到整頓五股，侯友宜經常被指責過於強硬，不諳事緩則圓之道。

但誰能比一位在槍林彈雨中穿梭數十年的老刑警，更懂得掌握進退的尺度？

不管是當年帶隊衝第一線，或者帶領市府團隊為市民打造安居樂業的生活，侯友宜明瞭無論冒進或退縮，都有可能壞事。因此在他領軍時，絕不拖泥帶水，並勇於任事；在同仁上陣時，他堅持做團隊強而有力的後盾，確保所有人皆能無後顧之憂、市政也才能落實。

—塭仔圳，打通新泰交通任督二脈—

侯友宜施政計畫最核心的目標，是要在十年內翻轉新北市，具體計畫包括縮短城鄉差距、改變市容、開創經濟活源等，而整理土地資源、興建便捷的交通網，更是必須隨即著手進行的基礎建設。首當其衝面臨整頓的土地資源，除了五股垃圾山，還有同樣聚集非法鐵皮工廠的塭仔圳。

幅員遼闊的五股垃圾山總面積為一七〇公頃，只不過塭仔圳更大，足足占地四百公頃，等於四個新莊副都心。

之前五股垃圾山有很多違建戶並非不肯搬遷，而是能力不夠。有的對搬遷獎勵方式不夠瞭解，有的經濟負擔不起，有的找不到合適的新廠房，有的單純畏懼遷移……擔心的理由千百種。於是市府規劃，採取四個階段拆除，讓所有鐵皮工廠有充分時間申請合法化並自行遷建，更成立專責團隊，輔導所有業者辦理程序。

進行到第三階段時，市府清查發現，願意申請合法的業者已經占大多數。這時，侯友宜評估可以發出最後通牒，便嚴正宣布限期申請合法，否則到了第四階段就祭出公權力，絕不寬容。最後，仍頑強抵抗的違法工廠則遭到強拆。

塭仔圳是淡水河洪水平原一級管制區，橫跨新莊、泰山兩區，總面積比五股垃圾山大了將近兩倍半，五十多年來缺乏建設與規劃，形成六千多家鐵皮建築的大型違章聚落，也成了安全死角。在長期禁限建令下，這裡多是低矮建築，破舊不堪。由於產業聚落的形成，來自業務上互相依存的緊密關係，難以個別拆除重建，所以整頓起來益發困難。

因此，為輔導工廠安心搬遷、根留新北，市府除戮力開發公、私有土地、整合銀行專案融資及招商一條龍服務外，更全國首創提出工廠搬遷租金補助計畫，減緩業者搬遷前期營運成本，以鼓勵加速搬遷、早日轉型合法，讓新北市產業發展更加穩固，更希望塭仔圳於市地重劃後，能為當地創造更繁榮的未來。

回首此處的歷史，塭仔圳重劃區最早為農村聚落，放眼望去是清幽的水稻

原本充滿鐵皮屋、發展落後的塭仔圳區域，在經過拆除後，逐漸找回重生的可能性。

田，後來才變成被鐵皮屋淹沒的工業區，排出的工廠廢水長期污染了貴子坑溪。

從早年富庶的農村到違章林立，家族世居當地上百年的地主不禁感嘆：塭仔圳地理上接近台北市，同時有三捷運、高速公路、六五快速道路經過，四通八達；加上坐擁輔仁大學、輔大醫院，土地條件極佳，其後卻逐漸被鐵皮屋覆蓋，發展遠遠落後周邊地區，實在不該如此。

眼見市府有心大力整頓，一位里長接受媒體採訪時激動地表示，在違章工廠聚落形成後，這裡成為治安死角，烏煙瘴氣，嚴重影響周邊居民生活。儘管外界對塭仔圳心懷落後的印象、政府也一再說要重劃，但「新泰塭仔圳重劃」作業期盼了三、四十年遲遲未執行，大家早已先後放棄，認為有生之年無法參與家鄉的重生。沒想到，侯友宜在整頓完五股垃圾山後，即著手拆除這裡的鐵皮屋，這才熊熊燃起希望的火苗！

為了回應居民們「讓這塊土地找到新生命」的期待，侯友宜和他的團隊，帶著過去改善五股垃圾山的大刀闊斧，來到塭仔圳。

在百年前的清朝時代，塭仔圳曾經是一條運河，並於一九九八年變更為都市發展用地，二〇二〇年經內政部通過並實施「新泰塭仔圳市地重劃案」，這意味著鐵皮廠聚落勢將迎來轉變。而啟動重劃的第一步，就是要先協商六千多家工廠的搬遷。

在接受媒體採訪時，侯友宜曾分享自己除舊布新的藍圖，他計畫輔導當地的傳統工廠，協助對方優化，在保留部分產業的同時，鼓勵一些業者投入其他行業。

在侯友宜眼裡，這一大片土地是「新北國門之都」。從桃園進入台北，必定會經過作為「大台北之門」的新莊、泰山，過去人們踏進中正路和新北大道，看到的是一大片老舊的鐵皮工廠，如今新莊副都心已換上高樓聳立的現代化新裝，塭仔圳、泰山、五股也應重新塑造成產業園區，就連毗鄰的泰山楓江區段（即「擴大泰山都市計畫」），都該一起大力發展。

「如果這個區塊，可以在未來十年，隨著土地開發、產業聚落，全部進到這個地方，形成一個智慧製造、金融科技重鎮的時候，就可以帶動北台灣的發展，北台灣發展上來，台灣就更有力量往前走。」他在接受財信傳媒董事長謝金河專訪時，對包括蘆北到新店、五股到土城及中和一帶所構成的微笑曲線，寄予厚望。

三大絕佳條件，向科技巨擘遞出橄欖枝

除了整頓之外，侯友宜更計畫擴大建設塭仔圳重劃區，從點、線、面，一併大規模規劃周邊的產業聚落，打造產業鏈。二〇二一年二月，他拜訪 Google

習慣親力親為的侯友宜，在他的心中有對於塭仔圳的規劃與藍圖，而他也靠著這個信念逐步翻轉新泰地區。

位於板橋遠東通訊園區Tpark的新總部，提議聯手串聯其技術經濟關聯。

下一步，侯友宜還將目光投向蘋果、亞馬遜、臉書等國際企業，積極邀請它們前來新北落腳設立營運據點。無論智慧製造或AI、通訊和資訊軟體，他都希望以這裡為中心，搭配土城、樹林，甚至未來鄰近的塭仔圳，相互成就、共同開發。

新北市有如北台灣的心臟，環抱台北市和基隆市，緊鄰桃園市，與數百萬人的生活緊密相關。身為此地的大家長，侯友宜自信這片土地擁有三大絕佳條件，足以成為科技智慧城市：首先是產業聚落多，約有三十萬家公司行號和工廠坐落於此；其次是交通便利，三環六線在二〇三〇年之前，超過九成以上皆可完工，新北市將成為北北桃地區最重要的交通中心；再者，此處的青壯年人口比例將近七成四，勞動人口高達二〇八萬人，為本地源源不絕輸入能量及生命力。

—以直覺與膽識做明確的決定—

每逢危及民眾性命的災難來臨，蟄伏於侯友宜體內那個剷惡鋤奸的老刑警靈魂，彷彿會倏忽覺醒，助他揮灑過去工作培養的直覺，以及厚積的膽識，在千鈞一髮的時刻，做出明確的判斷。

二〇一五年二月四日上午，時任新北副市長的他正在南港開會。接近十一點，接獲緊急通報，復興航空墜機掉落基隆河，便火速趕往現場。

空難墜機在基隆河南港段，地處台北市南港與新北汐止的交界，雙北消防局都接到報案並出動搜救。救援人員抵達後，確認空難地點、撞擊點同屬於台北市轄區，於是確定由台北市統籌搜救，現場指揮官則是當時的台北市副市長鄧家基。儘管如此，雙北都各自就地組建了災害應變中心，以利互相支援。

台北市出動了十多個單位超過一千七百人，各式機具車輛五十多部，卻遲遲未拉起斷裂的機身搶救艙內乘客。大家議論紛紛，現場動員的人員愈來愈多，包括國軍、警察、海巡署、救難大隊，還夾雜不少看熱鬧的民眾，外界頻頻質疑救災調度混亂，有速無序。

時間一分一秒地過去，侯友宜發現，必須趕快讓大型機械開進水門靠近河岸，否則沒辦法拉起機身。他立刻打了電話，下令即刻拆掉水門！

空難發生在上午近十一點，直到傍晚過了六點，軍方才得以調派M3浮門橋車架起浮動碼頭，兩輛大型吊車通過防洪堤駛近河岸，斷裂的飛機殘骸終於吊起。距離空難發生已過七個鐘頭。

事隔多年，提起那次救災，侯友宜坦承許多事情無法進行全面的考量，而是必須衡量必要的犧牲——破壞水門，在當時便是必要的犧牲。他顯然沒擔心過指揮權在誰手裡，只想到救災要快，自己能幫上忙。

在其後一次媒體訪問時，侯友宜曾分享自己對於危機處理的心得。他認為，危急時刻必定需要有人立刻做決定。下決定永遠不難，只是下決定的過程需要大量經驗進行協助。包括全盤考量災情、調度人力與機具等，在復興空難

二〇一五年，復興航空飛機於基隆河附近墜機，事故地點橫跨新北市與台北市，時任新北市副市長的侯友宜在第一時間趕往失事現場瞭解現狀。

臺北市
消防
18
TOHATSU

台北市
消防
消防
30
MERCURY
40
SUZUKI

墜機現場就是必要且須依循的經驗。

兵貴神速，但是寧快勿急

時逢多事之秋，二〇一五年六月又發生另一起意外。位處新北市八里區的八仙樂園，將其部分場地外租給廠商，於抽乾水的游泳池內舉辦「彩粉」派對，不幸發生火災意外。

事發當下，身體不舒服、正在醫院打點滴的侯友宜接到消息，聽聞水上樂園有大量燒燙傷患者，但當時資訊混亂，無從得知正確狀況，經驗告訴他事情不對勁：水上樂園為什麼會有人燒燙傷？

來得又急又快的意外事件，將他第一時間推上前線。火速拔掉點滴的侯友宜，請妻子協助開車帶他直奔意外現場，並在車上不斷打電話瞭解狀況，加速調動台北、桃園各急診單位，要求趕緊架設額外緊急救護空間、安排足夠醫護人員，同時分配行政作業。

「一般的災難導致市民傷亡，我都會到現場瞭解原因，何況一場五百人的燒燙傷意外！」侯友宜回憶道。搶救是分秒必爭的急事，在歷經無數次災害搶救與大小案件後，他自承個性求「快」，但絕不窮「急」。

回想起八仙塵爆，侯友宜十分心痛。

依據過去的經驗，他深知燒燙傷超過四級，即使當下還能行動自如，但過沒多久病況就會急轉直下，由於感染、免疫力下降，很快就回天乏術。正因如此，如此大規模燒燙傷意外事件，最後死亡人數往往比預估傷亡人數多很多。

在事件發生後，他急於備足醫療量、要求急救單位一定要枕戈待命，正是為了眼前看似輕傷、但數天後馬上可能轉為重症的患者，做好應戰的準備。

侯友宜總說自己個性很直，只要認為是對的事，無論長官、黑道老大，全都一視同仁；他很少咬文嚼字，在一次受訪時卻罕見地引用了《孟子．盡心章句下》：「說大人，則藐之，勿視其巍巍然。」意即在捍衛國家人民利益時，不應畏懼位高權重者。

一路看著他長大成人的國中恩師曾說，侯友宜年少時就展現領導能力，是非分明，很有正義感。看不慣倚強凌弱、仗勢欺人，遇到不公不義就想挺身而出。自二十歲踏入社會至今，強權無法勸退他、走旁門左道的人動搖不了他，政治也未能磨平他的稜角。

所幸侯友宜的口頭禪「為人民和國家做事」，不僅只是他對自身的期許，也透過多次媒體進行的信任度調查，讓他知道自己已走在一條非典型、但是為民眾所期待的道路上。

膽識，累積自經驗，也得益於性格。

在這條必須不斷探索向前的道路，他手中的火炬將持續發光。

讓新北市微笑迎接未來——三軸三線計畫

新北市四周環抱基隆市、台北市、桃園市、宜蘭縣等縣市，可說是大台北的中心位置，若新北市發展起來，也將一併帶動其他鄰近縣市的發展，達成共好的大台北生活圈。

在新北市的未來十年願景藍圖中，「三軸三線」扮演了舉足輕重的角色。

「三軸」，是以板橋新板特區、新莊副都心與三重第二行政中心做為三個軸心，其中第二行政中心已經完成審議並發布實施，預計於二〇二六年完工。未來，第二行政中心將打造三萬坪樓地板面積，並有三千名公務人員進駐，包括衛生局、警察局、環保局等府外單位。

當三重第二行政中心打造完成，衛生局、警察局、環保局等府外單位進駐之後，原先的用地也會重新規劃，例如：衛生局的現有用地將打造為板橋醫療園區，以擴充板橋醫療量能；位於板橋府中的警察局則將改頭換面為屬於青年文化的商圈等，將現有的空間重新整合、規劃後，達成最好也最佳的運用安排，讓所有空間發揮最大的可能性。

「三線」，則是指三條「線型」的微笑曲線，皆以新店十四張與蘆洲蘆南蘆北重劃區為南北端點，並藉由微笑曲線沿線的捷運系統串連面狀的城市發展，將新北市的空間建置出更完整的規劃與布局。

第一條曲線是沿著新北環快與淡水河、新店溪沿岸發展，如：三重及二重疏洪道、板橋江翠、新店央北、秀朗橋北側等，皆是發展重點；第二條曲線是以新北環狀線為主，串接新莊知識產業園區、頭前、副都心、新板特區等處；第三條曲線則是沿著未來的泰板輕軌與五泰輕軌、新北樹林線及三鶯線等，銜接起蘆南蘆北，擴大五股、泰山楓江、新泰塭仔圳、板橋浮洲、土城彈藥庫、土城暫緩發展區、中和灰磘及未來樹林防洪三期、大柑園、三峽麥仔園等區域，透過捷運空間串連起城市的發展。

新北市的整體開發與微笑曲線的建構，加上新北特區、新莊副都心、三重第二行政中心所構成的三軸心，讓新北市得以全方位地發展，在重要的建設與規劃中，無論是基礎建設、都更等發展，皆是相輔相成、缺一不可，以三軸三線為例，必須在都更三箭的基礎下進行，而都更三箭也環繞三環六線做為開展，唯有在全方面的發展下，才能建設出以科技及幸福為重的新新北。

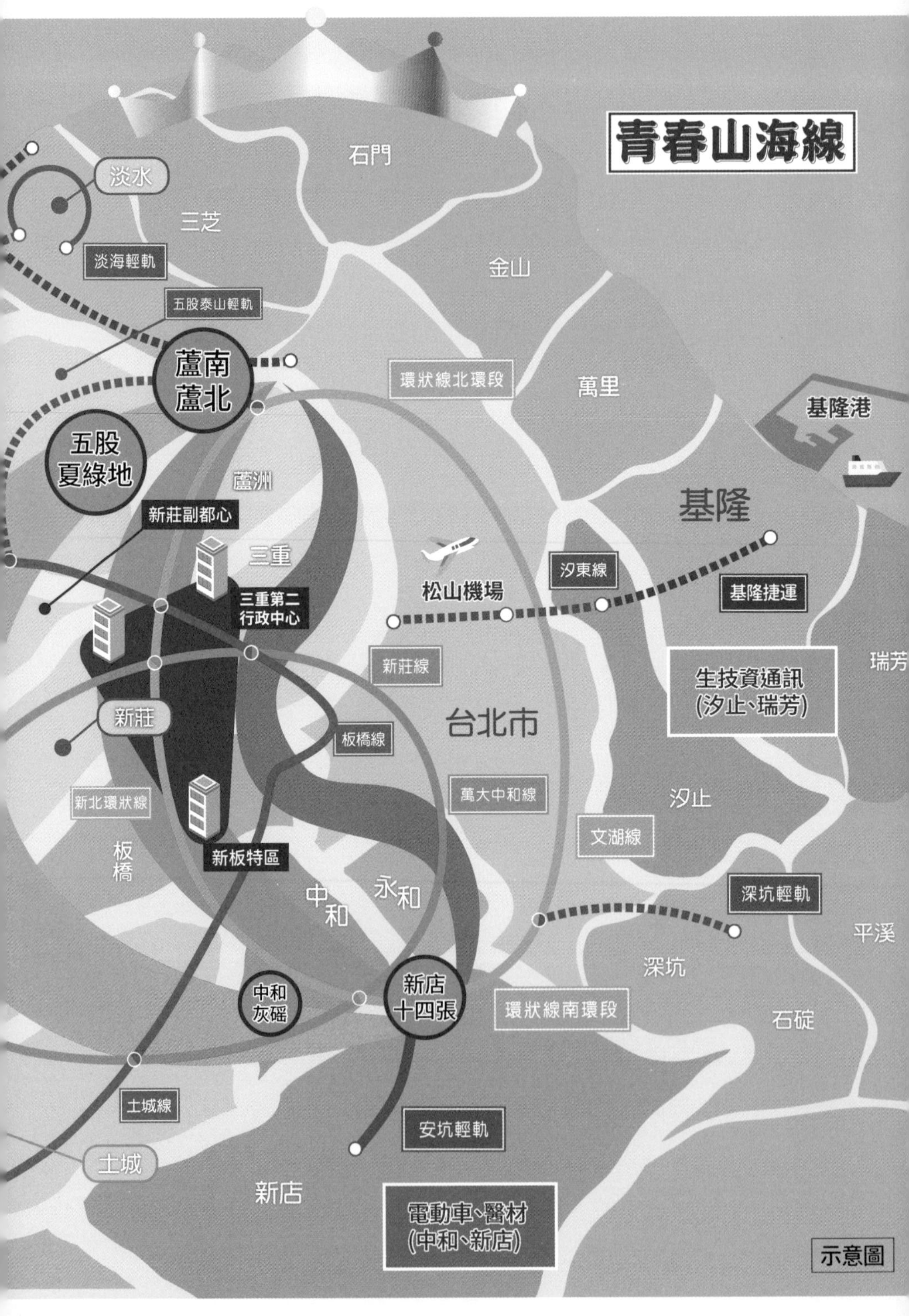
青春山海線
石門
淡水
三芝
淡海輕軌
金山
五股泰山輕軌
蘆南
蘆北
環狀線北環段
萬里
基隆港
五股
夏綠地
蘆洲
基隆
新莊副都心
三重
松山機場
汐東線
基隆捷運
三重第二
行政中心
新莊線
生技資通訊
(汐止、瑞芳)
瑞芳
新莊
台北市
板橋線
萬大中和線
汐止
新北環狀線
文湖線
板橋
新板特區
中和
永和
深坑輕軌
平溪
深坑
中和
灰磘
新店
十四張
環狀線南環段
石碇
土城線
安坑輕軌
土城
新店
電動車、醫材
(中和、新店)
示意圖

新北市「三軸三線」的三線，連結起來，如同三條正在微笑的曲線，象徵新北市的建設將讓市民感到幸福與微笑。
淡北道路
淡江大橋
台北港
八里輕軌
八里
五股
新北市
智慧物流
(林口、八里、淡水)
林口
新泰
塭仔圳
泰山
機場線
桃園國際機場
智慧傳產和金融科技
(新五泰、三蘆)
桃園市
智慧製造重鎮
(土城、樹林)
樹林
新北樹林線
新文創
(三峽、鶯歌)
桃園綠線
大柑園
鶯歌
麥仔園
三鶯線
三峽

Chapter 03

靈活

事在人為，持續升級政策才能走出活路。

無論面對難纏的罪犯或處理繁複的政務，「條直」如侯友宜，都深知解決問題不能刻舟求劍，拘泥固執、不知變通有可能將團隊帶進死巷，錯過柳暗花明的大好良機。

靈活，是他在力拚市政的球場上，擺脫束縛、帶球上籃的高超技巧。

或許是因從警時勤於跑現場所養成的習慣，侯友宜的為民服務始於腳下，靠的是親眼所見、親耳所聞。

因此，許多新北市民曾在市井間捕獲野生市長；新北一〇三二位里長更透過市府自二〇一九年啟動的「行動治理模式」，經常與侯友宜近距離溝通、反映第一線遭遇的困難與問題。

這天，他來到板橋區公所大禮堂，參與和里長面對面、聆聽基層民意的「市長行動治理座談會」。

透過這項侯友宜上任後隨即推動的重要政策，大自都更、變電箱地下化、增設污水下水道及停車場，小到樓梯設計狹窄危險等各類陳情案件及追蹤列管進度，都獲得即時的回應與解決，展現良好的府、區共治模式。

在侯友宜「新北十年翻轉計畫」中，都更是至關重要、處理起來卻又異常棘手的項目。他希望透過協調以及政策的介入，在居民需求、建商利潤與政府對都市發展強度的控制三者間，取得平衡。但在都更錯綜複雜的問題背後，如何保障人民生命財產安全、創造多贏、滿足大家的需求，是他認為刻不容緩的要務。

從生活層面來看，公托空間不足間接造成年輕父母的經濟負擔，也影響生育意願。侯友宜研判必須快速增建以解決問題，於是直接運用現成但經常空置的活動中心和校舍進行改建。

與此同時，他也將目光投向社區與企業內部，善用立體化的獎勵容積回饋，於五股設置全國第一所位於工業區內的公托中心，讓員工上下班能夠帶著孩子同行，兼顧職場與育兒，一舉兩得。

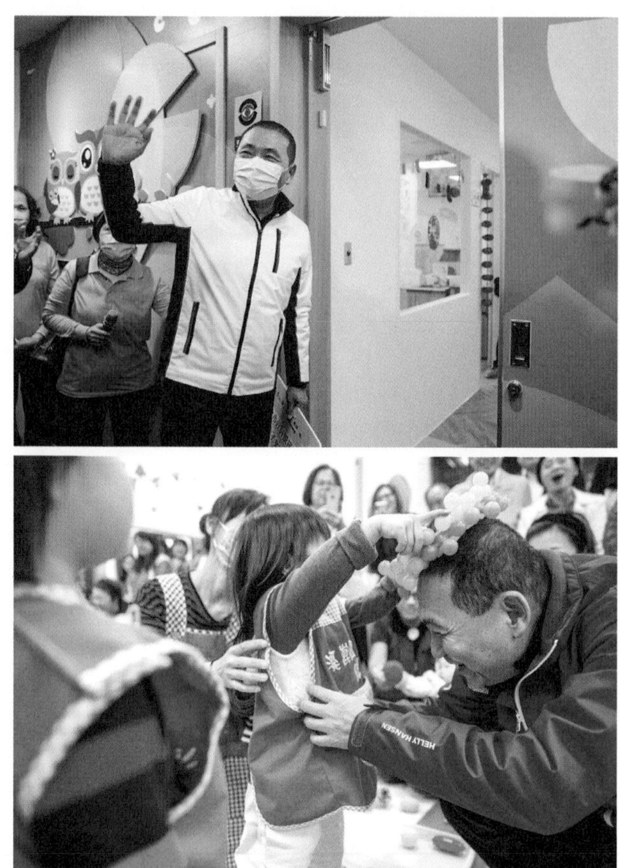

公共托育能夠改善生育問題，喜愛小孩的侯友宜參訪托育設施時，除了為父母嚴格把關外，更不忘與天真可愛的孩童互動。

另外，市府還以身作則，成立首座行政部門員工子女托育設施。二〇二一年初，這座「稅捐處員工子女托嬰中心」正式啟用，以新北市政府財政局、稅捐處及市府員工子女為主要收托對象，於收托人數不足額時，也會開放收托設籍本市市民之子女，並在一樓同時成立「板橋中山公托」，收托轄區民眾的子女。

截止二〇二二年七月為止，新北市的公托中心總數達一〇六處，加上公私立合作聯盟的托嬰中心、居家托育，總計可收托率已拉高到四成一，居全台之冠。

空間立體化，疊出城市的新可能

儘管為公托尋找場地，如大海撈針，但侯友宜卻對此充滿信心，因為財政局握有稅籍關鍵資料，能快速盤點出閒置和低度利用的空間。

在一次訪問中，他列舉新北市多元的公托環境種類，從學校、活動中心、市場、安養堂到工業區，多達十數種，皆有望達到深入社區、就近托兒的目的，這個概念和他推動普設銀髮俱樂部相似，都是為了替忙於工作的民眾照顧家中老幼。

不止托育亟需更多場地，企業欲擴大投資、產業升級，也經常苦於場地難尋。

新北雖然地大，公有土地面積畢竟有限。對此侯友宜和市府共同整理出活化土地的幾個方向，盼透過空置空間再利用、都更開創新空間、產業空間立體化，以及和中央合作開發國有土地，盡可能對企業發展伸出援手。

以新北市的工業區為例，境內廠房總數多達兩萬家，占全台工廠總數約四分之一、支撐著約七萬名勞工的生計。面對高度發展需求，產業用地明顯不足，廠商因應轉型所需的擴建空間哪裡來？前述的產業空間立體化，便有助為新北市疊出全新的版圖以及嶄新的未來！

容積獎勵拚空間，南亞科技跑第一

所謂產業空間立體化，係指政府透過「容積獎勵」方案，鼓勵廠商以新增投資的方式換取更多建設空間，作為產業用地。

這種透過增加樓地板面積讓廠房「長高」的方法，尤其適合都市型工業區，得以快速解決企業擴廠、轉型空間不夠，或新建廠房緩不濟急的問題。具體來說，業者得依新增投資、能源管理與營運總部等項目，或捐贈空間、繳納回饋金方式取得容積獎勵額度，最多可獲得五〇%的空間。例如原本基準容積在二四〇%以下的廠商，在取得五〇%的容積獎勵後，輔以現行容積移轉機制可提高為一．五倍，等於容積率可高達三六〇%。

二〇二二年六月舉辦動土典禮、於新北市泰山區南林科技園區投資三千億元，興建十奈米十二吋先進晶圓新廠的台塑集團旗下DRAM製造商南亞科技，

南亞科技位於新北市泰山區南林科技園區的新廠於二〇二二年六月舉辦動土典禮，預計完工後，每年可創造超過七百億元產值，並提供約三千個就業機會。

便早在二〇一九年以SB2（支援二棟廠房）申請新北市工業區立體化方案，透過容積獎勵新增一百九十五坪樓地板面積，並於二〇二二年二月取得使照完工啟用，成為新北市首件申請工業區立體化完工的案例；通信傳輸線材大廠台通光電公司也於同年提出申請。該公司董事長李慶煌表示，台通光電在舊廠已有三十多年歷史，二〇一八年十一月建新廠打造研發中心動工，正在進行地下室興建工程，翌年三月適逢新北市釋出可立體化消息，隨即停工提出申請，透過變更建照，在原本的地上十一樓之上再加一層樓，並把營運總部遷至新廠。

立體化2．0版，和時代並肩向前

辦案的雙眼能洞察人性的善惡，更能體察人心的變化。侯友宜深知無論再完美的政策，都少不了與時俱進，才能夠為民眾興利除弊。

二〇二一年，工業區立體化推出2．0版，修正了三大方向：分別為配合計畫性城市發展「調整適用範圍」、促進非屬產業自用者落實企業社會責任的「回饋產業空間或繳納代金」方式，以及強化落實投資的「保證金及違約金制度」。他期待調整後的升級版本，能加速帶動新北市產業發展，同時也提升工業區環境整體服務機能，幫助身在新北、心在新北的民眾得以在地就業、在地就養。

為吸引企業上門，新北市祭出多重獎勵：有投資有獎勵、有總部有獎勵、有節能有獎勵、有捐獻有獎勵。自二〇一九年七月接受申請以來，短短一年，便已通過三十七案，創造了超過一千億元的產值。

但在為企業廣開投資新北的方便之門後，侯友宜始終沒忘了替市民把關：在2．0版中，市府新增了保證金、違約金制度，廠商必須達到所提出的目標投資金額與就業人數，才能領回預先繳納的保證金；此外，為避免開發商炒房地產，針對非屬產業自用者，2．0版要求廠商捐贈三成樓地板面積或折繳代金。市府拿到這些捐贈的空間或代金，會優先提供塭仔圳、蘆洲南北等整體開發地區的廠商作遷廠使用。

從結果開始思考，讓回饋空間真正發揮作用

除了官商雙贏之外，市府在釋出公有土地時，更發揮了「公益回饋」互惠的最大效益，向建商換取更多回饋空間，讓人民也是贏家。侯友宜對此表示，隨著缺工和原物料上漲，導致公共建設經費不足，已是全球所有國家、政府普遍面臨的問題。新北市採用多元化的公益回饋空間方式，讓建商將更多空間回饋在有用的地方，就是為了避免對方交給政府一間看得到、用不著的房屋。

他舉例位於三重的第二行政中心辦公大樓，便是與開發單位合作、透過都市計畫變更，回饋公益空間及可建築用地方式捐建取得。這座地下四層、地上二十六層的鋼骨建築物，汽機車停車位分別約為一千五百及三千個。

侯友宜注重「公益回饋」互惠的最大效益，而三重第二行政中心辦公大樓便是由此而獲得，預計完工後將帶動周圍商圈活動，帶來不少經濟效益。

現今坐落在板橋新北市政府大樓裡的交控中心、資訊中心及災害應變中心等已無擴張空間，未來將把重要防災、救災中心及資訊系統移往第二行政中心，以最新科技、智慧化設備做好整控，未來警察局、衛生局、交通局、消防局EOC等單位也將進駐，提供更全面的防災應變資訊。不止如此，第二行政中心周邊還連帶開發了市民廣場、公園以及重新路五段串聯至環河路的二十四公尺計畫道路，提供民眾舒適的休憩區域。

從致力施行工業區立體化政策，到想方設法發揮回饋空間最大效益的努力，在侯友宜身上我們發現多數人成年後的思考模式，泰半成形於年輕的歲月中。

在偵辦刑案的過程中，往往需以結果推論過程，讓侯友宜不知不覺養成以長遠的眼光與目標靈活看待事物。一如德國前總理梅克爾所言：「我從結果開始思考——從期望的結果，然後逆向進行……重要的是，在兩年後能得到什麼樣的結果，而不是我們明天會在報上看到什麼。[1]」

侯友宜總在眺望目的地後，返身帶領同仁，筆直前行。

招商一條龍，簡政又便民

二〇二〇年底，新北市曾釋出大約十四公頃的公有土地，進行招商。無奈招商是一條漫長的道路，不但企業內部須評估投資，考量公司實質需求、投入成本，上市上櫃公司還須經過董事會同意，程序繁複，曠日廢時，過程中投資方隨時有可能放棄。

對此相關經驗豐富的新北市經發局長何怡明表示，為疏通招商流程的管道，侯友宜嘗試換位思考、從企業的角度檢視卡關的環節與原因。他為此導入「一次到位」的概念，推動「招商一條龍」政策，透過「新北投資服務快捷窗

1 《梅克爾傳：一場卓越的史詩之旅》（*The chancellor: the remarkable Odyssey of Angela Merkel*），二〇二一年，天下文化出版。

口」的成立，以客製化、主題式的媒合服務，協助企業解決投資所面臨的各種問題，並提供企業臨時機動空間、專業經理人投資流程諮詢，以及一站式網路查詢服務。

同一時間，市府還邀集新北市跨局處招商經驗豐富的人員組成「精英招商團」，提供都審、環評、建照等流程一對一諮詢診斷服務，搭配「預審作業‧即審即修」機制，針對廠商提送之投資案件相關文件草案提供意見、即審即修，加速投資審查作業進行。

鬆綁法規，推開「投資任意門」

再者，侯友宜還雙管齊下要求市府同仁務實檢討與投資相關的法規命令，積極推動法規鬆綁與調適，以順應市場趨勢及投資型態的改變，主動排除投資困境；而在當今這個網路稱霸的時代，他也不忘將此服務徹底數位化，規劃建置「投資新北」網站（https://invest.ntpc.gov.tw/），完整揭露新北市投資相關資訊，不但強化與民眾之間的互動，也讓廠商得以立即查詢投資案件的進度。

在侯友宜帶領團隊一連串積極打造友善產業投資環境及媒合招商的舉措下，不少企業因此受惠。「汐止長安段乙種工業區」及「林口媒體園區」招商案，就是透過市府先行辦理都市計畫變更，將機關用地變更為產業用地，減少企業繁瑣複雜的變更程序與風險，讓企業簽約後即可辦理建照取得相關審查作業，並藉由高行政效率，讓嘉里大榮和三井不動產於取得用地簽約後一年便取得建照並陸續開工，提升企業的投資效率，也加深投資的意願。

破除本位主義，侯友宜靈活地易地而處，讓新北市登上招商王寶座。二〇二〇年便成功引進了十九件投資案，總共挹注了二二四．二億投資公共建設，而隔年前兩季已簽約的金額也超過了七十億，蟬聯六都之冠，榮獲財政部頒發的「一〇九年度民間參與公共建設招商卓越獎」。

提高誘因，吸引建商主動參與民間都更

侯友宜也將這套換位思考理念，運用在民間都更案。只不過民間都更最常遇到的問題是無法取得百分之百的住戶同意重建，或者因為房屋位於巷弄內，老舊又欠缺良好的腹地條件，沒有大型建商願意合作，即使住戶有意願想重建仍寸步難行。

民間都更與侯友宜「新北十年翻轉計畫」中「都更三箭」的第二箭──主幹道沿線都更，息息相關。此計畫的1.0版已於二〇二一年七月三日截止申請，執行兩年間總計翻轉更新新北境內約八十一公頃土地，預期創造兩千七百一十四億元的都更價值，申請人捐贈提供高達四萬三千三百八十坪的公益空間（包含公共托育中心、公共托老中心、公共化幼兒園、社會住宅、辦公空間），更讓市府在免支出六十四億元建造成本下，取得一百三十八億元價值之空間。

為延續都更二箭的精神，侯友宜在1．0版計畫截止次日，即推行都更二箭2．0升級版——「新北市政府辦理跨街廓都市更新容積調派專案計畫」，為舊市區內有開發需求、卻難以重建的基地，推開一扇窗。

市府希望透過專案計畫方式，將容積移至主幹道地區進行使用。如此一來，除了能夠解決巷弄內老舊房舍因基地面積過小、不適合高強度開發使用，釋出的基地空間可以移作綠地，以改善周邊的居住環境並提升整體的防災效應；針對轄內二十公尺以上主要幹道兩側，基地規模達二千平方公尺（六〇五坪）以上，或完整街廓，就能給予基準容積加給最高二〇%，作為實施者與地主雙方參與的誘因。

從企業投資意願的高低到市民生活品質的好壞，寶貴的「土地」都扮演了具影響力的關鍵角色，如何創新其活用效能，也成為每座城市走在發展的道路上，不得不積極面對的課題。

靈活，是懂得在有限的條件下，拋開成見、另闢新局。

在產業空間裡找到向上發展的機會，在民間都更裡發現化整為零的可能——侯友宜的靈活，讓他牽著新北市的手在狹窄的死角處轉身，看見希望。

新北市的都更三箭

新北市屬於台灣北部早期建設發展的都市之一，許多房屋林立，早期沒有都市建設規劃的概念，隨著都市發展，捷運路網也逐步完成後，周邊林立的老舊房屋與凌亂的景觀風貌便顯得與市容格格不入。

新北市政府決定帶頭作為領航者、擴大民辦方式，規劃出以城市發展、改變城市風貌、改善危老建築為主要概念的「都更三箭」，指出為一座大城改頭換面的具體方向——

一、第一箭（策略一）

以捷運帶動城市發展（TOD）

以已通車的捷運站點為主要節點，往周邊土地延伸，創造多元發展並活化都市機能，且以雙捷運交會、高運量的場站為優先，並在捷運出入口一定範圍內及條件下的建築，提供老人活動、老人安養、公共托育及社會住宅等公益性設施，及設置公共運具停等空間、留設無障礙人行道或開放空間等環境改善設施，可申請最高五〇％增額容積，且考量都市整體容受力，訂定總容積上限為基準容積二倍。

二、第二箭（策略二）

主幹道沿線都更，讓城市風貌改變

依一〇八年七月三日修正實施「都市計畫法新北市施行細則」第三十九條之二規定，在新北市境內主要幹道寬度達二十公尺以上沿線之危險及老舊建築物、海砂屋及都市更新地區等建築，基地規模在兩千平方公尺以上或完整街廓，且建築基地臨接面前道路面寬連續二十公尺以上，並捐贈提供老人活動、公共托老、公共托育及社會住宅（含中繼住宅）或其他公益性設施，於一一〇年七月三日內申請，最高基準容積加給二〇％，有助於改善都市景觀及民眾生活空間。相關執行配套機制「新北市政府處理都市計畫法新北市施行細則第三十九條之二申請案件作業要點」已於一〇八年八月二十二日公告實施。

三、第三箭（策略三）以防災角度，優先協助危老建築，行動治理解決問題

透過危險分類、程序簡化、主動輔導等簡政便民及行動治理方式，設身處地面對問題，提出解決方案，協助住戶遠離危險環境，依個案面臨問題及需協助事項，主動進行專案輔導及進度控管，包含辦理社區說明會、成立前進駐點工作站、每週跨局專案工作會議等。

過去三年以來，新北市都更案已核准逾六百案，是過去二十年的四倍。針對過去都更遇到的問題，市府團隊與各大公學會交流互動、提出解方，有效提升了民眾申請意願。

Chapter 04

溫度

躬身傾聽，用全方位的照護守住民眾的日常幸福。

自幼在市場裡成長，侯友宜格外珍惜里鄰間相互照顧的美好情誼；從警之後，他投入了另一個大家庭，弟兄間拿信任換帖，搏性命相挺，這讓他愈發相信：人性的溫度，是推動世界不斷向前的力量。

二〇二二年三月中旬的一個傍晚，莘莘學子群聚政治大學的國際會議廳，參與「全球國際城市的新視野」系列演講。

當晚的來賓侯友宜是新北市的大家長，也是繼鄭文燦、柯文哲後，另一位接受該校地政系邀請、與青年世代暢談理念的「都市專業經理人」。

演講現場，一位學生舉手發問：「柯市長認為國際城市是e化，侯市長對e化的看法是什麼？國際城市應該是什麼特質？」

「溫度，」侯友宜很快對後者給出答案。

「溫度才會讓城市運轉，有愛才會有力量。」他強調。

「以前我當刑警時，領悟出來一個道理，那就是破案最重要的關鍵是人性。我們講永續環境，就是講人舒適不舒適。所以，國際都市要照顧到人性。」

─ 人心與人性，是一切的起點 ─

在這場演講中，侯友宜以新北人民的需求破題，並重申其施政目標，最重要的是為民眾提供安居樂業的生活。

然而「安居樂業」四個字看似理所當然，卻是談何容易？特別自二〇二一年五月中旬，疫情指揮中心升為三級警戒後，雙北地區超過六百萬人、全台四分之一的人口受到疫情影響；而後邁入二〇二二年，新型冠狀病毒 Omicron 變異株愈燒愈烈，人心惶惶。欲找回疫後的新生活，並確保城市的「韌性」，「安居樂業」的首字「安」——安全——顯得格外重要。

安全涵蓋的範圍很廣，包括托育環境、高齡照顧、醫療品質等，而讓民眾對安全有所感，就是要讓他們心安。

如何確保疫情下的心安？

無論是自己、同居家人或周邊親友染疫，民眾勢必對未知的狀況心生焦慮及擔憂，此時以人為本的科技防疫顯得格外重要。

肩負數百萬市民的期待，在這場全球性的世紀戰疫中，侯友宜不希望讓新北大家庭的民眾失望。於是他率領團隊建立起虛擬病房、遠距進行監測，盼運用數位科技，強化對多變病情的監測，讓病患更能獲得及時的治療，也盡力在第一時間撫平人們的不安；此外，對於正在和病毒搏鬥的每一位新北鬥士，市府開放使用視訊或簡訊的方式，讓管理中心監測所有身體狀況的數據，進行視訊問診，以免去接觸並避免環境感染的風險。

這樣的措施，在二〇二二年 Omicron 大爆發之際，被廣為運用，並解決因染疫無法外出就醫患者的難題，讓一度崩潰的醫療體制逐步走回正常。

有人、有愛，就有幸福的生活

若說科技因人而生，「愛」則是人類最強大的能力。

侯友宜踏入社會四十多年，無論警務、校務或政務，他的工作內容總少不了與人密切接觸，因此深知幸福感是能生生不息驅動「愛循環」的柴薪，也在擬訂政策時，優先考慮如何照顧好每位市民的感受。

新北市人口居全國之冠，有四百萬人口，其中六十五歲以上的老齡人口占一六．五八%，十八到四十歲的青年則高達三〇%，可謂全台最具活力的縣市。雙北是共同生活圈，有不少市民每日往來通勤討生活。若上有長輩、下有兒女，則幼兒托育和高齡照護勢將為其帶來經濟及心理的雙重壓力。

為提供這群年輕人更理想的生活品質，讓他們得以在工作中施展抱負，為家鄉注入活力，侯友宜計畫透過全新的思維，紓解家庭育兒及高齡照顧的負擔。

—醫動養一站到位，完善高齡照顧—

首先是全世界共同面臨的老齡化挑戰。

侯友宜在出席「新北托老及長照站聯合開幕式」時提醒，全國老年人口占比將於二〇二五年增長至二〇%、新北市六十五歲以上人口占比二〇．一二%，以目前[1]新北每個月平均增加近三千名老年人的速度，有可能在二〇三〇年突破百萬，因此建構妥善老人照護系統刻不容緩，如何讓老年人在社會上得以自在無慮、與青壯年共同生活，更是新北市至關重要的課題。

針對身體健康、可自由活動的族群，市府持續推動社福政策「里里銀髮俱樂部」，提供空間鼓勵老年人彼此陪伴、進行康樂活動，截至二〇二二年六月底止，累計已核定一〇三二里（一一七三處），亦即新北市每個里皆有其專屬的銀髮俱樂部，並廣獲民眾的肯定。

而老年照護中最重要的醫療，除了將偏鄉地區的地方衛生所改造成智慧衛生所，做為遠距醫療基地外，市府更推動願景工程銀杏計畫，首站選定新店央北社宅為開端，結合社區長照機構、復健復能等多科別醫療服務、托嬰托幼、身障照顧及即將啟用的心理衛生中心等社會資源，形成具體而密實的照護網絡。

攜手醫療機構，協助居民在地安老

在二〇二二年四月央北社區長照機構及診所的啟用記者會上，侯友宜向大眾分享他打造「區域醫動養聚落」的藍圖，透過與天主教耕莘團隊的合作，讓新店央北社會住宅成為全國新標竿，具體展現「醫（療）、（運）動、（安）

1　二〇二二年十二月底數據。

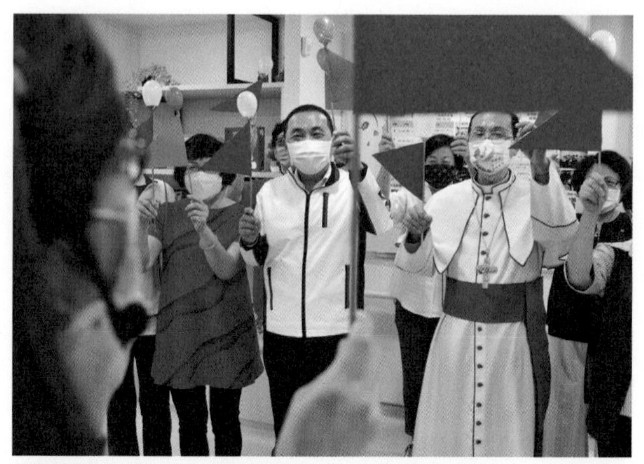

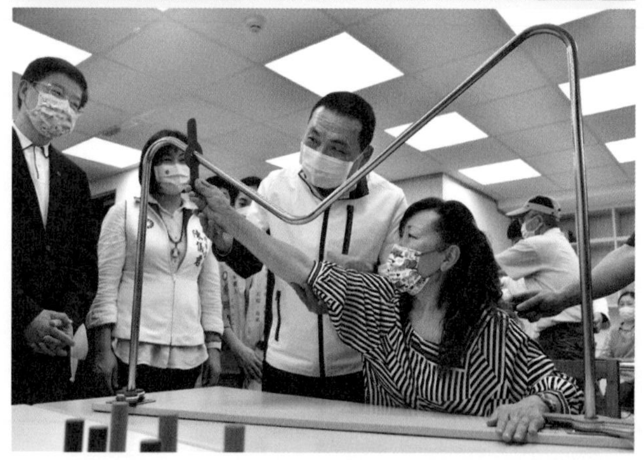

台灣已經步入高齡社會，對於高齡者的照護更應該重視，新北市除了規劃銀新未來城外，更與專業醫療機構合作，建構更完善的醫療體制。

養」的典範。

未來住在此區域的老年居民，將可安心在自己熟悉的環境中，獲得最完善的照顧。透過一體規劃，由專業醫療機構提供外展服務，縮短問診差距、主動觸及需要協助者，並強化社區關懷與回饋。

除了新店央北社會住宅外，市府另擇定三重地區，規劃了「銀新未來城」作為代表性地標，融合醫療長照與生活住居需求，讓公有閒置土地翻轉為高齡共居新社區。

其中「銀新未來城」的規劃，取法新加坡北部的 Kampung Admiralty（海軍部村落），建置服務可支援周遭居民的醫療與長照服務，包含社區藥局、居家服務及托老托幼設施，並設高齡附服務居住單元及住宿型長照機構，另外也會在外圍區域納入運動、停車場等生活空間；「銀新未來城」積極活化公有地，加速整合醫養設施。

據統計，新北市每年新增四千名失能者，並新增約八百名使用長照服務者。正因為失能者與長照服務者的增加速度不成比例，侯友宜不時提醒自己：現在能做的必須加緊腳步。無論央北社會住宅或銀新未來城，都可以成為解決問題的模式，先做出來才能有效優化，讓它更符合國情文化和民眾的需要。

讓「高年級實習生」不再是電影情節

為擴大、完善老年人的照顧，少不了大筆預算開銷。侯友宜自承新北財政並不寬裕，但堅決不以此為藉口。他要求團隊一同善用既有資源，結合民間團體企業的能量，也善用健康老人，去照顧有需要的老年人，借力使力更省力。

他認為社會上許多退休的銀髮族，仍擁有良好的工作與自理能力。若能給予空間，讓他們好好規劃生活，發現自己在社會上有新的可能，無論對國家、個人而言，皆有利無弊。

據此新北市全國首創的「婦女及中高齡者職場續航中心」透過雇用獎助，鼓勵企業留用中高齡者，協助還有就業能力的人才，在貢獻其經驗之餘，不至於和社會脫節，進而促進身心健康。此外，侯友宜更鼓勵年老者及退休族群參與志工活動，多走出家庭，以結交來自不同生活與背景、但擁有相同理念的夥伴，讓年老生活更多采多姿。

一 減緩少子化，多管齊下獎勵生育 一

根據美國中央情報局（CIA）所公布二〇二二年的生育率預測報告[2]，在全

2 數據出處 https://www.cia.gov/the-world-factbook/field/total-fertility-rate/。

球二二七個國家地區中，台灣以總生育率一．〇八，再度敬陪末座。

公共托育中心不足、私托費用高，加上薪資偏低等多重壓力，是導致年輕人不生不育的少子化癥結。為解決低薪問題，侯友宜建議經發局、勞工局制訂政策，獎勵願意將營利回饋給勞工的企業；而對於獲利能力不佳的企業，市府也給予實質協助，提升它們的競爭力。

面對公托供不應求的現況，他則投入行動改善，甫一上任就積極增設公共托育中心及準公共化幼兒園，並用獎金鼓勵優良私立托嬰中心及幼兒園加入準公共化，盡力擴充公托空間和員額，提供更優質、平價的公托服務，希望減輕民眾育兒的憂慮與負擔。

在兒女成長的過程中，侯友宜慚愧自己做得不夠多，多虧了妻子全心付出，讓他能夠安心在崗位上克盡職責。他知道並非每對父母都如同自己一樣幸運，因此更積極鼓吹國家伸出援手，同時致力於提升公托的數量並優化其品質。

二〇二二年初，新北市公共托育中心第九十五至一〇一家舉行聯合開幕式，典禮在板橋埔墘公共托育中心舉行。侯友宜手上高舉接力棒，和群眾一起衝破寫有「公托百家，幸福成家」的紅色彩帶，慶祝新北公托突破百家。

在這場活動中，他提到新北市成立的公托皆利用學校餘裕空間、活動中心、市場樓上或者公益回饋空間，藉以活用充分利用；並期許未來設立在學校內的公托，能夠串連幼兒園、國小，讓零至十二歲不同年齡層的兒童在校園中互動學習，讓「新十二年國教」成為家長們的新選擇。

侯友宜致詞時表示，公托於朱立倫市長八年任內開設了六十家，他競選時提出公托倍增，「今年剩下的十九家，一定會在年底前完成一二〇家，給年輕人一個願意生、容易養的環境，因為公托是收費平價、軟硬體都優質。」

針對深受少子化衝擊的產業前景，早在二〇二一年底，侯友宜即宣布自翌年起，為包含主任、行政、托育、護理、廚工及清潔人員在內的公共托育中心各類專業人員，每月調薪四千元，私托則提高久任獎金。

質量兼顧、軟硬兼施，打造優質托育標準

提升從業人員的福利，是一份讓多人受惠的體貼；給孩子最高品質的照顧，則有助國家未來的主人翁贏在起跑線上。

正因為孩子生得少，家長愈加重視受教環境。對此林口西林公托與時俱進，以日本早稻田大學前橋明教授推廣的「吃得好、睡得香、多運動」三大主軸為基礎，設計了完整的概念，為健全孩子的情緒、人際社會互動、感官刺激、自律神經及動作技能發展，特別設置全國最大的幼兒室內運動跑道，讓零到三歲的孩子能每日充分運用身體，來探索外在環境，學習翻身、坐穩、爬行、學走路及跑跳等重要的日常運動，進而健康快樂成長！

軟體部分，新北市公共托育政策聞名全國，包含公共托育營運管理手冊、托育安全一二三和育兒寶貝袋等，尤其有「托育葵花寶典」之稱的營運管理手冊，內容從法規作業、環境規劃、行政管理、托育活動、健康安全到各項實務操作表單，都鉅細靡遺地呈現。侯友宜表示，新北市不藏私，願意和各縣市分享，希望大家都來照顧好國家的小幼苗。

—從球場到職場，助青年一臂之力—

二〇二二年三月十六日早上八點，市政會議廳裡青春洋溢，旁聽席客滿，全都是體格高挑挺拔的青年學子們。一聲令下，這群年輕男女紛紛起身，精神抖擻整裝列隊，炯炯有神的雙眼裡散發著神采。他們是一一〇學年度高中籃球聯賽（HBL）女籃冠軍淡水商工隊、男籃亞軍南山高中隊。這天趁市政會議開會前，來到市府獻獎給市長，並接受侯友宜頒發的獎金。

原本坐在會議桌前埋首閱讀資料的侯友宜，見到學生們大陣仗排好隊伍，隨即一個箭步上前，和校長、教練、學生逐一打招呼，欣喜之情溢於言表。環顧奮戰贏得榮譽的球員，侯友宜表示，儘管人生有輸有贏，但「這不是重點，而是勝負過程中學到什麼，重要的是運動精神。」

近幾年來，侯友宜身為新北市的大家長，總是盡力以實際的行動，出席高中籃球聯賽為地方的「子弟兵」加油打氣。除此之外，擁有全國最多的青年人口，他不時期許自己能夠帶領團隊，成為青年們勇敢逐夢的墊腳石。

在稍早立法院修憲委員會針對十八歲公民權進行修憲提案後，他便曾語重心長地在自己的臉書寫下：

新北一百三十五萬青年，有一百三十五萬個青春的夢想，乘載著這些夢想，我們絕不辜負。我們要踏出的第一步，就是傾聽青年的需求，描繪新北青年的輪廓，真正瞭解年輕人的需求，讓青年實現自我、順利求職就業、甚至創新創業。

為解決求學、職涯、就業創業過程遇到的問題，並鼓勵他們勇敢揮灑生命，新北市政府於二〇二二年元月成立了青年局，第一年就編列了近一億五千萬元預算，由其扮演單一窗口、整合多方資源，以帶動社會責任並支持青年領袖主動拓展天地。

市府更於新冠疫情肆虐期間，針對新北市青年首創「青年，好險有你」申辦計畫，凡符合資格的對象即可免費享有「一生一次」一年三十萬保額的傷害險、三十萬的職災保險及實支實付一萬元的傷害醫療險，在鼓勵青年為未來衝刺的同時，在他們身後扮演堅實的後援。

一如過往侯友宜對於女兒的言論思想，所給予的尊重與支持，他給予七年級的年輕局長錢念群同樣寬闊的空間，希望讓政府成為資源提供的平台，對於想創業的青年，予以資源整合和生態系的建立。

思考老幼需求時，為對方設身處地；為青年謀求福利時，避免居高臨下，盡量易地而處。

溫度，讓侯友宜在透出光芒的隙縫中找到希望。

彎下身來傳接善意的星火，貢獻己力、為他人加溫。

真心熱愛籃球的侯友宜，每年 HBL 球季，總不忘到場為新北市的參賽隊伍加油、喝采。

新北市的安居樂業

「安居樂業」是侯友宜在競選時喊出的口號，也是他擔任新北市市長以來，所貫徹、執行的理念和想法。

在教育部成語典中，對「安居樂業」的解釋是：「生活安定和樂，而且喜好自己的職業。」這些說起來容易，做起來卻相當困難，也是每位人民得以安身立命的基本。

而侯友宜與新北市府，也賦予「安居樂業」這四個字各自不同的定義與任務。

安：扶老托幼

將城市安全作為施政重點，關注托育環境、高齡照護與醫療品質等居民得以安身立命的部分，因此又將它們細分為以下七則細項與目標：

- 優化托育環境
- 貼近原民需求
- 完善高齡照護
- 深耕客家文化
- 提升醫療品質
- 尊重新住民文化
- 打造智慧安全城

居：韌性宜居

以宜居都市為主，關注城市居住中重要的「住」與「行」，因此可細分為以下八則細項與目標：

- 推動都更三箭
- 發展智慧綠能運輸
- 都市環境再造
- 打造人本環境
- 落實居住正義
- 韌性宜居城市
- 擴大軌道運輸
- 新北清淨家園

樂：永續人文

以育樂藝文為主軸。娛樂不僅是消費與遊樂，更包含了運動、觀光、藝術、人文、保育等，因此有四則細項與目標：

- 打造運動城市
- 豐富藝文生活
- 推動永續觀光
- 落實動物保護

業：智慧科技

重點是經濟永續。一座城市的進步，除了要有良好的居住環境與交通建設外，更需要有活絡的經濟產業、充足能源，並兼具環保、國際觀等，因此著重推動以下八則細項與目標：

- 活絡經濟發展
- 行銷農漁特產
- 健全勞動環境
- 推動能源轉型
- 提供青創協助
- 新北淨零碳
- 優化教學環境
- 國際城市交流

Chapter 05

同理

充分的同感共情，
才能站在他人角度理解並處理問題。

政治是管理眾人之事，警務與政務亦然。
侯友宜大半生的工作，都在與人往來、和人相處，
他深知單純的同情，對當事者毫無幫助。
唯有真正理解他人想法及立場的同理，
才能直指問題的核心、釐清事物的真相。

二〇二一年六月十日傍晚，三峽火葬場正要送別一批往生者。在場的侯友宜戴著口罩，面色凝重，表情中除了遺憾還有更多虧欠。因為這批往生者的身分相當特殊，他們是新北市新冠肺炎染疫者，必須在二十四小時內火化；大多數人走得突然，甚至家人還在隔離中，無法陪同在側。

即使生老病死皆為無常的示現，但這些今日遠去的市民，多半連骨灰罈都來不及刻上名字，僅能悄然無息地離開世間。「生老病死，世間無常，但新冠疫情的傷痛，是無常嗎？還是，我們可以更努力的，保護民眾更多，讓民眾的傷痛更輕？」當晚侯友宜在臉書上，連聲自問。

儀式現場他雙手合十，代替不得已缺席的往生者家屬，在心底默念：「兄姐啊！火來了，卡緊走，一切都過去了，希望您一路平安好走！」

這一天，侯友宜是悲傷的送行者，更是自責的市長。

未能替市民攔下危及性命的凶險、沒能好好保護大家，在他心底烙下深刻的教訓。

侯友宜代替新冠疫情往生者的家屬為祂們送行，但在他的心中，卻烙下深刻的自責和悲傷。

友宜車輪餅，以關懷為餡、用情感加溫

新冠疫情蔓延全世界，影響超過一百多個國家，台灣民眾的生活也遭遇空前的打擊。

除了防止病毒對生命安全造成威脅外，侯友宜眼見大環境不利民生，自二〇二一年五月起即大力推動「助扶方案」紓困計畫，針對不同行業、租金、稅金、罰單等項目提出相關補助和減收措施，希望在艱難之際，帶給大家多一些幫助。

三十多歲的李威德於二〇一七年開始創業，目前在雙北都設有分店，販售各式特色口味的車輪餅。在這場全球性巨變的衝擊下，他成了疫情受災戶，短短三個月內賠光了三年多來的獲利。

二〇二一年末，侯友宜穿上與李威德同款的圍裙，頭戴鴨舌帽，站在他於新北耶誕城站前廣場設置的攤位。透過「感恩活動」，兩人送出一份又一份美

味的車輪餅，李威德分享自己的好手藝、侯友宜則與民眾近距離接觸，彼此打氣，也聆聽真實的聲音。

因為整張臉被口罩和護目鏡包得密密實實，熙來攘往的民眾一時不察，沒發現站在自己面前的竟是新北市的大家長。直到老闆一句略帶台灣國語的親切口音，才引發一陣騷動，吸引男女老幼拿起手機，和耶誕城的最大「彩蛋」合影留念。

遞出車輪餅時，侯友宜總不忘和民眾閒聊，親切詢問對方的工作是否受疫情影響。在攤位前駐足的民眾，有從事飲品業的年輕男子、從事室內裝潢業的中年女子、從林口自稱「遠道而來」參與活動的婦人，還有手捧熱騰騰甜點的可愛男孩，天真地喊著「侯老闆」。

在人潮熙來攘往的廣場上，一位家住三峽、經營路邊攤的中年男性，甚至趨上前向侯友宜大膽「告白」，感謝他在自己的家鄉持續推行基礎建設。

這就是侯友宜式的問候，他關心的總是吃飽了嗎？工作還順利嗎？日子過

腸在這

友宜車輪餅讓侯友宜更貼近民眾，也更瞭解他們的想法和所需，在疫情嚴峻的時刻，能見到市長站在身前關切民情民生，市民也多少感受到一絲溫暖與安全。

得好嗎？

沒有華麗詞藻的包裝，內容數年如一日的「務實」。這樣的對話風格，得自他早年跟隨父母在市場裡做生意的經驗。圍繞在他身邊、伴隨他成長的大人們，每一個都是胼手胝足、為一家人溫飽打拚的篤實老百姓，他們沒有花言巧語、一步登天的本事，但全都願意抬頭挺胸流著汗，替自己的生命找到出路。

這是台灣人真實的群像，也是侯友宜日常的風景。因此他掛心的永遠是民眾最基本的需求有沒有被滿足，所有人是否能在持續進步的環境中，安身立命。

一　行動治理，聆聽真實的聲音　一

對民眾生活的關切，將侯友宜帶離辦公室，走入市井的煙火氣中。

自上任市長後，他大力推動行動治理，與二十九區、一〇三二位里長召開逾百場座談會。侯友宜曾在行動治理座談會中表示，里長在第一線接觸民眾，反映的都是市民最在意之事，所以他要求各局處首長傾聽里長的聲音，做得到的盡快做，不能做的也要溝通清楚，並透過會勘、案件列管與成立專案等方式，盡力滿足市民的需求。此外，市府團隊也應走入基層，例如前往噪音環境實地體驗，機器測出的分貝數與體感仍有差距，唯有與里長共同合作，才能真正同理市民。

根據統計，自二〇一九年啟動行動治理迄今（二〇二二年九月），新北市的里長們總計反映二八二九個提案，並已解決二三九五案，專案完成率高達八成。以板橋區大仁街積淹水問題為例，此一困擾地方長達二、三十年的沉痾，經里長反映後，侯友宜立刻要求相關局處處理，不到三個月便迎刃而解。

諸如貢寮、雙溪及平溪等資源獲取不易的地區，里長對行動治理的期盼往往更深。在二〇二二年六月的座談會上，貢寮希望濱海公路施設測速照相、雙溪爭取電線下地及道路養護，平溪則盼平菁舊橋能修復及提出第一公墓納骨塔硬體優化議題，侯友宜每案均詳盡檢視並指示各局處，評估後可行案件亦承諾盡全力完成。

從道路整修、增設停車格、污水下水道到市容整頓，里長對公共事務的積極參與，不但協助新北市政府經由提案發掘尚未察覺的市政問題，亦精進政策未斟酌的部分，同時透過溝通平台，整合中央、市府各局處、民意代表及里長建議，共同建構政策方案與計畫。

—同理他人，保持初心就能成局—

二〇二一年的最後一天，下班後的侯友宜尚未返家。這一年他的最後一項任務，是在新北市政府內陪伴數百位勇敢突破、承擔責任的朋友一同跨年。

當晚遠見．天下文化事業群借新北市政府內的多功能集會堂，呼應全球大數據權威麥爾荀伯格（Viktor Mayer-Schönberger）之重磅著作《造局者》並以其為題，邀請九位來自不同領域的典範人物，接力分享開創新局的經驗與願景。新北市的大家長侯友宜擔任晚會的壓軸講者，在倒數前與來賓分享自己多年的辦案經驗，並強調成「局」的重點在於同理心。

侯友宜在演講中說道，過去自己從警時，每當有刑事案件發生，除須依科學證據說話外，更重要是要具備同理心，面對受害者要感同身受，看到加害者更要以對方的立場思考，才能成功破案，強調「成局」的關鍵點在於態度跟行為，以站在他人立場做人處事，便能有效凝聚團隊向心力，為一致性目標犧牲奉獻、成就大局，完成最終目標。

在稍早於亞東技術學院舉辦的「新北市校園就業博覽會」中，現場同學曾詢問侯友宜「保持工作熱忱的祕訣」。當時他侃侃回應「找到工作價值，就會帶動熱忱」。過去辦理重大刑案、與黑道周旋的長期經驗，讓他在為他人解決問題時，總是自然而然地切換立場，將自己帶入對方身處的情境中：無論是失去摯愛的家屬、流離失所的民眾，縱然專業訓練和性格特質讓侯友宜不輕易流露情緒，但未曾公開落淚不代表心無慈悲，他腦中想的往往是拚老命幫對方抓到嫌犯、根除困擾，也因此「看到問題被解決」，是推動侯友宜一生持續前行的工作價值。

他的「初心」沒變，以前想讓所有被害者傷害降到最低，現在做市長每天早出晚歸、努力解決問題，看到市民得以安居樂業，都是工作價值的原動力。

給人嚴肅硬漢印象的侯友宜，見到孩子總是一臉笑容。

二〇一八年七月，當時辭去副市長職務、投入市長選戰的他，在臉書上感性地寫道，「幸福保衛站」是自己於副市長任內最有感的政策。從警三十一年，儘管他抓獲了許多窮凶惡極之徒，但是侯友宜最想圓的夢，卻是從源頭減少問題，完成警察做不到的事。

當時市府團隊先整合四大超商，讓有餐飲需求的孩子，只要登記就可以取得一頓餐食，這些訊息不只進入教育系統，也回到高風險家庭網，由里長和社工定期追蹤。經過不間斷的努力，當年從兩萬多次超商取餐的孩子裡面，找到超過兩千個高風險家庭，還有許多失蹤少年，成為社會關懷的一種新型態。

二〇二一時逢疫情重創百業，大人們的生計深受影響，弱勢孩童的生活品質愈加雪上加霜，當年讓侯友宜引以為傲的施政，在這場世紀性的風雨中發揮了更大的作用。

該年年底，繼新北市政府與近兩千四百家四大超商、兩百家八方雲集及三十二間梁社漢排骨便當共同守護有急難需求的孩子後，二十家鬍鬚張也加入供餐行列，提供孩子溫飽幸福。侯友宜表示，新北市的「好日子愛心大平台[1]」讓善心人士與企業提供愛心，也讓需要支援扶助的市民與孩子得以獲取資源與幫助。自二〇一九年六月至二〇二一年底，已募集超過新台幣三十億元市值的物資及善款，有超過一千萬人次受益。

身為家長，侯友宜深知讓孩子能夠吃飽穿暖，是天下父母所求。當家庭因故遭遇困境，無論長期或短期，政府都應當設身處地伸出援手，助其度過難關。為此他與團隊同仁積極照顧弱勢學生的三餐，從早餐的「幸福晨飽」、低

1 http://好日子愛心大平台網址 https://goodday.ntpc.gov.tw/pwntpc/

收入戶學童「午餐補助」，到開展平台、鼓勵企業挹注其力於資源缺口，公部門與民間攜手，建構約兩千六百個據點，組織更綿密的社會安全網。

好日子愛心大平台，讓施受雙方都有福

幸福保衛站自二〇一三年累積至二〇二二年四月底止，取餐數已超過七萬次、好日子愛心大平台自二〇二〇年推動至二〇二二年五月，取餐數亦近四千次，兩者合計累積達七萬七千餘次，為新北的孩童提供了溫暖的及時援助。

然而「好日子愛心大平台」的功能卻遠遠不止如此。

這項政策成立於二〇一九年中，旨在捐贈、整合、調度社會資源的平台，是為了讓弱勢族群即時獲得更好的救助、照顧而生。自侯友宜上任市長後，許多好友粉絲、社會團體、企業、宮廟等都紛紛表示願意發揮愛心，協助市府對弱勢族群提供更多的照顧，因此他特別指示社會局規劃，這也是他競選

時的構想。

過去由新北市政府社會局推動的「實物銀行」，於八年間匯聚不少愛心和善心，共媒合各界十七億六千多萬元的市值物資，造福超過二百六十五萬人次。有感於眾人的愛心源源不絕，侯友宜主張應結合各局處的力量，擴大成立可快速幫助弱勢的平台，媒合想行善的人士和幫助需要被幫助的民眾，同時讓施與受直接經由政府公部門的媒合，快速到位。

於是這座採會員制、提供快速、急難救助的橋梁應運而生。民眾在註冊成為圓夢英雄後，可基於個人意願，主動幫助或支持不同的弱勢服務方案，在疫情期間更獲得各種特殊物資供各局處使用。侯友宜認為，新北市就像一個大家庭，他希望民眾踴躍出錢出力，將愛心送到需要幫助者手中，讓彼此能夠共榮共好。

透過好日子愛心大平台，眾多團體、宮廟及企業紛紛宣誓要扮演弱勢族群的圓夢英雄，有人慷慨建設公園，為孩子圓夢；有人捐贈專車，提供偏鄉長輩方

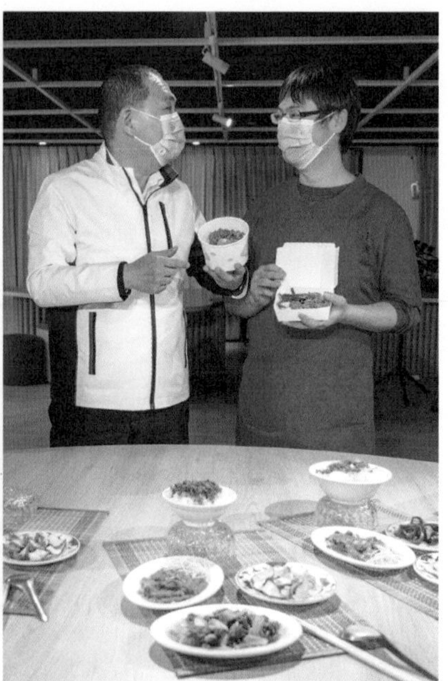

侯友宜「以人為本」的理念，深深影響新北市民，好日子愛心大平台便是由此而生，以善與同理為民眾帶來更多力量。

便；農曆春節前夕，有人響應市府號召，捐贈年菜；新冠疫情持續延燒，有人提供數十萬片的兒童口罩，分送新北市社會局供兒少使用，支持共同抗疫的政策。

在一次媒體採訪中，侯友宜欣慰地說道，新北市聚集了大量行善不落人後的民眾，他們無論具名與否，都透過自己的能力和方法，一點一滴地在好日子愛心大平台上匯聚人性的溫暖。小到三、五百元的善款，大至土地、房屋，在這座巨大的城市裡，頻繁串聯起互助互愛的關係。

同理，無數次為曾任刑警的侯友宜尋找到解決問題的動力及方式。

此刻肩負更多期待和責任的他，也將繼續緊握這帖消弭人際間歧見與不平等的良方，穩健地走在為新北市民「造局[2]」的路上。

2 編按：根據網路經濟學家麥爾荀伯格於著作中的敘述，「造局者」（Framer）原指起草美國憲法的那群人，他們建立了聯邦政府的「框架」，他們正是「造局者」的典型——運用腦中的思考框架，在現實社會構建了可以實現夢想的體制框架，他們展現腦中的思維格局，雙手締造了壯闊的新局。

每個人生過程都將成為生命的養分

一個人的個性、習慣與決策方式，都與曾有過的經歷息息相關，侯友宜自然也不例外。

出生在嘉義縣樸仔樹腳（今嘉義縣朴子市），父親侯溪濱是市場的豬肉販，侯友宜從小就在充滿溫度與人情味的社會基層長大，從中得到的養分，塑造了他的個性與觀念。

在某次談及父親及童年時刻的訪談上，從不避諱談論自己出身的侯友宜笑著告訴在場的媒體記者，小時候幫忙父親捆豬是件苦差事，因為豬仔滑不溜丟又非常有力，掙扎起來時，需要一些巧勁才能快速地將其捆住，但沒想到這看似無用的本事，會在當刑警的某個時刻成為救自己一命的技巧。

在某次攻堅行動中，必須制伏歹徒，過程中因為歹徒不斷掙扎，侯友宜突然心生一計，隨手拿起皮帶用上了童年習得的捆豬本事，將歹徒牢牢實實地捆住了。隨後趕來的同仁，見到如此扎實的綑綁技巧，莫不嘖嘖稱奇。

說完這個故事，侯友宜幽默地下了個結論：「誰說知道怎麼捆豬是沒有用的？從小幫爸爸捆豬，不就在關鍵時刻幫了我。」

童年的成長歷程與環境，讓侯友宜更懂得社會基層的苦楚與需求；出社會擔任刑警、看盡人生百態，令他更明白該如何處理不公，以及正義的重要性，這正好都是他過往的養分與經歷教給他的。

就像許多電影情節上演的，作為刑警，且時常偵辦重大刑案，當然少不了受人威脅恐嚇。在被問及是否有過類似遭遇時，侯友宜肯定地表示：「對方打來說知道我家住哪、老婆小孩是誰，叫我小心點！」氣憤難耐的他隨即說：「我告訴他，好啊，大家來試試看，你敢動我的家人，我一定跟你周旋到底！」

家人是侯友宜絕不可撼動的底線，如同他一再強調的治理城市理念：「把市民的事當成自己的事，把市民當做自己的家人，如此一來，無論任何小事都是該處理的大事，更不會想拖延、耽誤。」

童年生活，讓侯友宜更懂得市井小民的需求與無奈，也讓他在當上副市長、市長後得以換位思考；警察學校的訓練，讓他注重紀律、團隊精神；而從警生涯，則養成侯友宜處事明快、不拖宕的習慣，這都是每階段的過程帶給他的成長與養分。

Chapter 06

創意

推翻舊有休憩思維，善用資源玩出新高度。

網際網路的發展，將人類社會帶進一個全新的階段，一個萬事萬物皆快速進化的時代。人們不再滿足於故步自封、原地踏步，轉而期待更顯著可見的大幅改變。從城市的躍進到生活品質的飛升，創意，是激發成長的燧石，更是侯友宜擘劃市政藍圖的濃墨重彩。

「新北的劣勢就是在台北市旁邊。」在一場訪問中，侯友宜曾向在場媒體如此說道。

這番感嘆其來有自。自一九四五至二〇一〇超過六十年間，擁有二十九個鄉鎮市的台北縣環繞在台北市四周，人口數早已超過直轄市設置門檻，且占有全台總面積約六%的土地，卻長期被視為衛星城市，無法獲得相對的重視。

儘管走過這段不受青睞的漫長歲月，升格後的新北在朱立倫、侯友宜兩任首長有計畫的經營下，仍大步向前，迎來華麗的變身，由次級概念下的「縣」邁向直轄市中的最「新」，並在地理環境、天然資源等原有的資產上，淋漓盡致地將對未來的想像，揮灑到極限。

─青春山海線，縣市旅遊品牌化開先例─

新北市緊鄰台北市、甚至自身就是繁榮都會的一部分，且自然資源豐沛，不僅坐擁群山，海岸線更綿延一百四十五公里。

在新北市政府服務了十一年，侯友宜經常隨堂抽考媒體和民眾一個問題：「新北市有多少個漁港？」大多數人搔著頭答不上來，否則就是扳著手指頭數、卻無法計算出正確答案。

「新北市有二十八個漁港！」從副市長到市長，侯友宜與新北市朝夕相伴了超過四千個日子，他對這片土地知之甚詳。

更何況在他出任市長近三年間，曾先後改造十四座漁港，規劃過十年漁港改造計畫，侯友宜促銷的不只漁港傳統的漁釣、海鮮特色，二〇二〇年更於富基漁港突堤碼頭及淡水漁人碼頭舉辦北海岸時尚藝術季，應用浮空投影技術，融合廢棄魚網架設布幕，展現不同以往的聲光效果，科技結合時尚，推廣海洋保育理念。

除此之外，在新北近年推動的「嗨漁港」轉型計畫中，無論是深澳漁港的光雕水舞秀，或是草里漁港打造的釣魚天堂、後厝漁港漁具倉庫上方將增設的觀海平台，皆為多元的觀光休閒提供別出心裁的選擇。

各局處攜手，為台灣戴上絢爛皇冠

影響層面愈廣愈深的政策，愈難立竿見影，也愈考驗執政者的長跑能力。以侯友宜二〇一八年選前提出的「青春山海線」為例，這項計畫將北海岸打造成綠色旅遊觀光景點的政見，直到二〇二二年七月仍在持續進化——從八里到貢寮三貂角，透過結合新北市政府各局處的專業，針對活動、產品甚至沿線的小農作物、生態環境等，與旅宿、文創、伴手禮業者攜手，共同行銷；另一方面，民眾也得以享受蔚藍海岸、金黃沙灘及鐵馬道上的青春熱情，踏查峻峭山徑生態及小鎮薈萃人文，為旅程刻劃動人的山海回憶。

在一篇媒體專欄中，侯友宜回憶自己與市府同仁為了好好行銷「青春山海線」這個大品牌，前後開了多次會議。有一次，他終於忍不住詢問各局處：「誰已經去看過青春山海線？」

未料僅有觀光局同事曾前往考察。這讓侯友宜不禁感嘆「沒有實地去看，要怎麼規劃套裝行程？」

從深澳漁港、三貂角、十三層遺址、煤礦博物館、中角灣、貢寮、萬里蟹到出海夜釣小卷，他殷切盼望所有同仁都能親自到場感受，體會貢寮三貂角的曙光、淡水漁人碼頭的落日有多美，並一探可用終生體驗與尋覓的台灣四百年歷史之路——淡蘭古道，究竟是何模樣。

在侯友宜的要求下，新北市政府各局處同仁開始邀請媒體，一遍又一遍地實地走訪，各單位也陸續展現亮眼成績，透過建設沿線自行車道及YouBike、於金山中角灣推動衝浪運動教育園區、北海岸特色伴手禮開發改良暨店家推廣

新北市政府規劃「青春山海線」的旅遊行程，並結合當地特色打造出青春山海線專屬伴手禮。

等各式企劃，擦亮這頂皇冠上的珍珠。

跨年有新意，跨河展創意

二〇二一年十二月三十一日傍晚，新北市的八里、淡水地區陸續湧進大量人潮。

和台北101、中部麗寶樂園、日月潭或劍湖山等煙火施放地點不同，此處早在晚間八點起，已出現人群往淡江大橋和八里聚攏，等候新北市首創的「跨河」煙火秀。

這場「光耀新北1314就愛你」活動，除了時間上領各地之先，於二十時二十二分以2022·1314的美好寓意施放煙火十三分十四秒外，更藉新北市得天獨厚的河岸優勢，運用煙火高低空效果特製專屬3D圖案，時而璀璨、時而輝煌，光影交錯的繽紛色彩融入該處人文地景，演出專屬這座城市的華麗戲碼。本次煙火的施放範圍長達一公里，為101大樓高度的兩倍，且施放總數超過一萬發，搭配音樂節奏呈現震撼的視覺饗宴，又將淡水及八里河岸的觀光魅力，再提升了一個層次。

為便利所有參與活動的民眾，能夠更輕鬆地享樂其中，在新北市文化局特製的煙火地圖上，標示了超過十處的煙火觀賞地點，包括漁人碼頭、油車口、淡水海關碼頭、淡水金色水岸河濱公園、八里北堤沙灘、十三行文化公園、觀海長堤賞鳥區、水筆仔公園、八里風帆碼頭、左岸河濱公園等，都是視野絕佳的選擇。

闔家歡樂遊，從日落玩到月升

大多數跨年活動，都得等到午夜時分才真正揭開序幕，這對家有老小的家庭來說，實在很難盡興而歸。

為滿足親子遊、三代同遊的需求，新北市這場別開生面的跨年活動自下午起便已熱鬧展開，三點後漁人碼頭觀海廣場即湧入眾多熱情民眾在現場等候，文創市集及多款藝術裝置打卡體驗也出現人潮擁擠的排隊盛況。

知名兒童劇團「紙風車劇團」帶來改編西方經典《羅密歐與茱麗葉》及《西城故事》的音樂劇，將現場情緒帶到浪漫的最高點，從日落到月升的一系列河岸藝文表演，搭配絢爛的跨河煙火秀，更令在場的男女老少陶醉不已，沉浸在歡愉的氛圍中一同屏息倒數。

由已逝的建築師札哈·哈蒂（Zaha Hadid）設計的淡江大橋，預計將於二〇二五年底完工通車，成為最大跨距單塔不對稱斜張橋。在這場為淡江大橋「暖身」的活動最後，侯友宜感性地表示：跨河煙火一直是市府團隊想要呈現給市民朋友的一場表演，而預計於二〇二五年完工的淡江大橋，讓這個目標實現了。

照片提供｜鄭珈珈

二〇二一年十二月三十一日，新北市於淡江大橋舉辦跨年煙火，並於二十時二十二分施放十三分十四秒，取 2022．1314 的美好寓意。現場除了煙火施放外，更有文創市集、藝術裝置、劇團表演等精采活動。

照片提供 | 鄭珈珈

透過這一場創意與執行力共演的視覺饗宴，他期待結合河畔的一系列藝文演出，能舒緩社會緊繃情緒之餘，提供市民凝聚、療癒、豐富的生活與未來想像，為新北市的朋友帶來更多正能量與歡樂溫暖笑聲。

─新北大都會公園，水陸世界樂趣無窮─

除了擁有北台灣最長的海岸線，新北市境內還奢享六十七條溪河，以及廣達一三八二公頃的河濱公園。為了妥善應用這些珍貴的資源，讓民眾和來自各地的朋友進一步與美好的風光交會，侯友宜與高灘處的同仁在淡水河及其三大支流（大漢溪、新店溪、基隆河）規劃了完備的自行車道，總長達二一〇公里，相當於新北板橋至雲林斗六的距離。

在積極整頓、陸續打造大漢溪、新店溪等六大自行車路線後，他不忘推陳出新，藉由「新北河濱騎跡十八線Fun電趣」、「新北水岸青輕騎」等活動，向各個年齡層的市民招手，邀請群眾加入親近水岸的行列，並鼓勵在享受破風之餘，前往沿途的景點散步、踏青甚至賞櫻。

以橫跨新北市三重、五股及蘆洲等區域的二重環狀線自行車道為例，其間不但有幸福水漾公園、鴨鴨公園、微風運河等休憩去處，還建置了新北市最大的河濱公園——「新北大都會公園」。二〇一九年夏天，新北市政府利用該處周邊現成的地形優勢，打造全台最大共融性遊戲場「熊猴森樂園」，並於二〇二〇年五月起，分階段、分區域陸續開放使用。

國寶森林動物全員集合！身障孩童也能自在玩耍

「熊猴森」與台語「尚好玩」諧音，標榜親子共遊、全齡共融，一家大小都能在這裡發現樂趣！整座遊戲場規模從辰光橋至中山橋間，長度約八百公

位於新北市三重的「熊猴森」樂園，妥善利用地形打造出各具特色的溜滑梯，並以許多台灣國寶動物為造型，設計出獨具風格的遊樂器具。

尺、寬五十公尺，總面積達四公頃，並以三十一座溜滑梯及一百組遊具設施為特色，是假日孩子的最佳放電場所。

在設計上，規劃單位亦發揮巧思，將台灣國寶動物推上舞台，把黑熊、獼猴、雲豹、藍鵲造型置入空間中，成功打造出森林派對嘉年華的氣氛，從空中俯瞰，還能發現天空、山岳、森林、溪流等不同主題安排。

為兼顧身障孩童需求，此處還規劃了無障礙通道，讓有需要的孩子能在父母的輔助下，享受無障礙的遊戲之樂；園區內同時設置了輪椅專用的盪鞦韆，讓乘坐輪椅的人士，也能不受限制地享受自在擺盪的樂趣。

從陸地、海洋到星空，創意再升級

繼啟用後大受歡迎、夜間甚至得加碼延長一小時關燈的「熊猴森樂園」後，侯友宜玩心大開，緊接著為新北市的孩子們再添一座以台灣海洋生物為

主題、能免費瘋玩七座親水設施的「海世界水樂園」，並於二〇二二年七月開放。

這座樂園的設計靈感延續自「熊猴森樂園」，但活躍其中的角色改由綠蠵龜、萬里蟹、彈塗魚、寄居蟹、澎湖章魚、海月水母和花園鰻接棒，領著大人小孩暢遊台灣島，在消暑的過程中認識本地特有的水中生物。

踏入海世界，可別以為只有平凡無奇的戲水池等著為你降溫，這裡還有五種不同體驗玩法，包括有三百六十度水霧的彩虹隧道、無障礙的益智水桌、親子互動的大型水槍、手動幫浦等。現場更有更衣間及戶外淋浴區，可供民眾簡單沖洗。

在暢遊森林與海洋後，下一站千萬別錯過神祕宇宙的探索之旅。

汐止的「星際遊戲場」緊鄰星光橋、占地一．三公頃，是該地區最大型的兒童遊戲場，並以「八大行星」作為核心規劃，同樣標榜全齡化共融。自從汐止至基隆間自行車道完成後，為連結地方觀光能量，侯友宜與同仁將原本的星座公園升級成旗艦版的星際遊戲場，園區內除了水星「戲水區」外，還有金星「網繩彈跳組」、木星「溜滑梯遊戲區」、火星「籃球場」、土星「沙坑區」、海王星「健體區」及適合銀髮族使用的天王星「樂齡區」。

為呈現星際氛圍，相關單位還特別強化了夜間燈光的設計，讓整體遊戲空間在夜晚閃爍出科技星光效果；此外，便民的廁所也化身成太空休息站，每個角落都感受到無限創意。

翻修老舊公園，未「玩」待續

並非每座公園都能擁有足夠的空間，進行如同「熊猴森」般的大規模計畫。為提供民眾輕鬆擁抱綠意、不必出遠門就能放鬆身心的空間，除了新北市政府近年推動的特色共融遊戲場改善計畫、全齡公園綠動服務外，侯友宜更以翻轉公園為目標，瞄準「老舊公園更新計畫」，以通用設計為主，尋求全面性的公園改善。

自二〇二一年起，新北市政府的綠美化環境景觀相關部門，已陸續於樹林、三重、林口及新店各區完成公園遊戲場改善工程。樹林區公十五公園鄰近彭厝派出所，因此從「波麗士大人」（police）概念出發，打造主題公園，設置遊戲塔、筒狀滑梯、沙坑等遊具；而三重區的三德公園鄰近住宅區，使用人口眾多，考量原有遊具已不敷使用，增設共融遊具，以豐富遊戲空間；林口區的宗北公園為滯洪池公園，規劃時考量安全與景觀性，結合該處地形設置一組波浪攀爬設施，並將原有的濕式滯洪池改善為生態觀察池，達到寓教於樂的效果；新店區則是於中興公園打造有如置身童話城堡的特色遊具，引領造訪者走入繪本的世界。

針對熱門觀光景點，如石門季節限定祕境——老梅綠石槽，新北市政府則擇定周邊，結合當地傳統捕魚文化、開闢特色公園「幸福雙心公園」。這座全

新北市不僅將公園翻新，更結合當地志工隊，為維護當地公園盡一份心力，更讓當地退休的高齡者具有生活目標與重心。

台灣最北的公園於二〇二二年五月正式開放，面積約兩千六百平方公尺，位於省道台二線淡金公路與老梅路交叉路口，除鄰近老梅綠石槽、富基漁港、富貴角燈塔，也是前往野柳地質公園內的岩層地景「女王頭」的路線之一，未來將作為環島自行車道及「青春山海線」的結點，串聯北海岸觀光資源，形成石門帶狀觀光遊憩區，促進地方經濟發展。

公園內的最大亮點為「牽罟織夢網」裝置藝術，透過巨型不鏽鋼骨架搭配炫彩玻璃組合而成，在豔陽照映下，產生不同光影變化。新北市政府新工處還特別設計包括海螺音控揚升裝置、燈塔人意象廣場及舢舨船造型座具等互動式體驗設施，兼具旅遊、景觀、休憩等多項功能。

在公園的啟用儀式現場，相關單位對媒體強調，這項工程除了利用原有的下凹窪地，以淺灘浪花意象階層式開闢，使整體綠帶在陽光照射下更具立體層次，創造不同視覺感受外，公園本身滯洪量更達三百立方公尺，可減緩下游水患的發生、降低水患衝擊及沉澱泥砂等防洪減災功能。

在侯友宜與團隊的共同努力之下，近四年來，新北市已完成百座特色全齡共融公園。

「近年來，創意已被視為城市發展的一項重要特徵；是解決全球化、技術變革和國際城市競爭問題的一種方式。」德國空間規劃學者昆茲曼（Klaus Kunzmann）曾於專欄中如此寫道。

在新冠疫情演變為全球性災難之前，創意作為社會、經濟及空間效益方面的驅動力，對城市競爭和可持續性，已扮演相當重要的角色；步入後疫情時代，侯友宜將創意擴大成為修復城市、強化韌性的能量，為迎向一座偉大城市的誕生，提供源源不絕的助力。

串起北台灣最美風景的「青春山海線」

新北市有山有海，串成北台灣最美的風景。

為了讓市民與國內外旅客都能親身體會，新北市政府於二〇一九年打造了「青春山海線」特色旅遊品牌，以「山海結合、低碳環保」為主軸，打造由八里、淡水，一路沿著北海岸轄區到貢寮三貂角的生態旅遊路線。

長達一百四十五公里的青春山海線，有著豐沛的自然與人文地景。新北市政府與沿途的旅宿、文創業者攜手，共同開發出極具特色的旅遊路線與文創商品，帶動青年返鄉創業。

在低碳潮流的引領下，市府也在深澳建置了鐵道自行車，讓民眾可以徜徉在光雕隧道，更可從福隆車站騎單車體驗舊草嶺隧道的風光。在塵封三十五年後，瑞芳三貂嶺隧道也重現在世人面前，透過水池設計，可以看到由水面呈現出山色倒映的驚豔美景。電動公車、電動機車租賃與電池交換站等綠色基礎建設，也讓遊憩體驗更加環保。

青春山海線的海上活動尤其豐富。二〇一九年啟用的金山中角灣國際衝浪基地，不僅吸引國內外旅客到此衝浪，也成為了東京奧運的培訓場域。民眾還可以到瑞芳的象鼻岩祕境體驗SUP與獨木舟、到貢寮的福隆海水浴場嘗試需要操控技巧的風帆。

總長二百公里的淡蘭古道，有超過百年的歷史，為先民往來淡水廳與噶瑪蘭廳的交通要道，現也成為青春山海線中的重要成員。不只在修復工法上符合生態與文化，新北市府更透過七位淡蘭達人的紀錄，與金鼎獎畫師沈恩民繪製六十公分的拉頁地圖，呈現出美好山城豐富的自然生態與人文風土。

新北市政府推廣的青春山海線旅遊活動，無論是陸地、山陵、海岸、古道，皆有各自的特色與風貌。

Chapter 07

奉公

台灣，沒有以私害公的空間。

和其他政治人物相比，侯友宜既無舌燦蓮花的好口才，
也缺乏鼓動人心的肢體語言。
他更像警大招生簡章裡走出來的模範學生，
循規蹈矩、恪守本分，時刻將國家人民放在第一位。
奉公，或許成就不了政壇明星，
卻是流淌在體內、形塑侯式原則的血液。

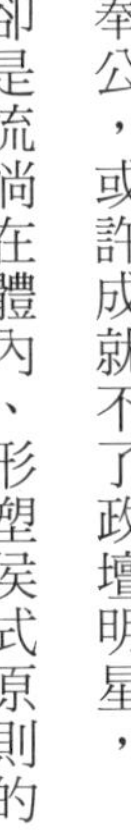

二〇二二年七月十二日，侯友宜最後一次以警察公職身分主持治安會報。四天後，他即將屆齡退休，卸下這身伴隨他四十多年的制服。

「在全世界的每一個角落，我的血液裡面都是警察。」在會報現場，他感性地說道。

高中時代的侯友宜，便已經打定主意就讀刑事警察系，而他也考上中央警官學校刑事警察系。當時的他，深受聯合報記者李勇撰寫的《中國十大神探》影響，一心希望向書中身懷壁虎功的刑事警察局組長牟乃修看齊，於是便絲毫沒有半點猶豫，毅然決然地踏上成為人民保母之路。

你問他身在槍林彈雨中，難道不曾嚮往待在相對安全的工作環境裡逐夢？這個問題無論誰來發問、問上幾次，答案總是如出一轍。

—從警四十年，是福報也是責任—

一九八〇年六月三十日，是中央警官學校第四十五期學生在校的最後一天。根據同屆校友立法委員游毓蘭回憶，畢業典禮當天，當台下師生聽聞侯友宜獲頒難如登天的「全勤獎」時，無不大感驚訝。因為這個獎項意味著在過去四年間，「舉凡遲到、早退、曠課、鬍子沒刮、制服沒燙、皮鞋沒擦、上課打盹、內務邋遢等，各種想得到、想不到的」大小扣分地雷，侯友宜一次都沒踩到。

對此游毓蘭無法置信，畢竟光是諸多規定中的「把棉被疊成豆腐乾」一項，就讓年輕時候的她吃足了苦頭。想不到當年在刑事系二十位同學中貌不起眼的侯友宜，居然「惦惦呷三碗公」，不知他究竟有何本事？

「其實我雖然愛玩，但還算是乖學生。而且我從國小一年級到警察大學畢業，我沒請過假，也從未遲到、早退，這是我當學生該盡的責任，我就要做好。」回應老同學的詢問，侯友宜如此說道。

翻開過往侯友宜的受訪報導，不難看出警校四年的教育訓練，為他的人格養成刻劃出如何鮮明的痕跡。

他重視細節，一絲不苟。

在回覆游毓蘭的疑問時，他自承警大四年教育，對自己最受用的就是同學們怨聲載道的言行加減分制度。因為這套制度，讓侯友宜養成注重細節的習慣，在日後面對惡劣的酒駕犯行時，針對酒駕者擅鑽法律漏洞，以事後喝酒的方式規避採證，或有酒駕被扣車者請親友領回車輛後、再次酒駕等，嚴正呼籲中央參酌實際情況，修正出更完備的法規。

他懷抱使命，擇善固執。

在二〇二二年三月，當媒體吹起一陣「曬出首長年輕時照片」的風潮時，他寫下的卻是自己當年報考警校、一心保家衛國的初衷，始終未曾改變。而轉變跑道投入政治，也是希望奉獻自己的所學所能，換個方式為人民做事。

服務機關	警政署、警察大學
職別	署長、校長（已退休）
出生日期	46 年 6 月 7 日
證號	新北警 字第 0001 號
生效日期	111 年 7 月 16 日
有效日期	一日警察，終身愛警
服務機關主官職章	新北市政府警察局局長

儘管已經從警察身分退休，但深植在體內的警察魂與紀律、衛國為民，將是侯友宜終生奉行、不可撼動的理念。

在屆齡退休的這天，侯友宜放下的只是外在的身分，卻沒放下和他早已融為一體的價值和執著。人在政治中的他，總說自己不喜歡多談政治——或許對他而言，嘴巴遠不及手腳可靠，唯有好好做事、單純地做事，才是為台灣找回當年的純樸、善良與團結，得以帶給民眾安居樂業好生活的良方。

奉公，是要能做為榜樣、成就驕傲

在使用漢字的東亞文化圈諸國之間，對「奉公」的定義各有不同。二十三歲的侯友宜帶著滿腔熱血走出警校、步入社會。奉公之於他，是將保家衛國的決心及行動置於人生第一位，赴湯蹈火，無我地貫徹忠義。

侯友宜曾談到自己擔任基層刑警時的過往。在那個科學辦案技術尚未純熟的年代，幾乎每天都得外出跟監嫌犯的他，經歷過各種「皮肉之苦」：為了不讓人發現配槍，他們得將其直接插在褲腰裡，緊貼著皮肉。當時頂著盛夏高溫，一群大男人擠在悶熱的車裡，為了避免發出聲響不能打開冷氣，返回警局後卸下槍，個個腰間早已被配槍燙傷，更甚者在拿下配槍的同時，連腰間皮都得一起扯下。但儘管天天如此，他和同仁卻無人抱怨，「那是自己選擇的工作，很榮耀，有什麼可叫苦的？」回憶起當年屢屢被配槍燙傷皮膚，他卻笑得開心。

「我從基層做到老，幾乎全年無休，隨時都在轉動。」從刑警到市長，侯友宜相信只要做事認真、以身作則，同仁也會跟著全力以赴。也因為如此，他的奉公向來不只「一人份」的投入，而是為拉動團隊做好準備，一夫當關的十倍付出。

奉公，是在鏡子裡看見阿爸的身影

二〇二一年十一月二十日，三鶯線發生意外事件，侯友宜抓起外套正欲趕往現場，第二通電話響起，對面傳來親人哽咽的聲音，告知他父親離世的消息——但即使是這樣的一天，他仍然選擇先前往三峽、善盡市長的責任後，才驅車趕回嘉義奔喪。

許多人知道侯友宜的父親早年靠著在菜市場賣豬肉，養家活口；但絕大多數人不知道的，是他曾赴青島就讀海軍軍官學校接艦訓練班並領有榮民證，以自己曾為國家付出一己之力為傲。

不苟言笑的父親、身體力行的父親、赤膽忠心的父親……父後七日，侯友宜在臉書上細數父親的種種，並感嘆自己就像「阿爸的一面鏡子」，性格多來自父親的傳承與影響，因為他們流著相同自律的血液。

—公僕並非英雄角色扮演，而是為公眾服務—

侯友宜自警校畢業後的第一個分發處，就是台北市刑警大隊偵一隊，負責暴力犯罪。在該組擔任分隊長期間，他已體會到當官和做事不一定能劃上等號。

當時和他一起自警校畢業的同學，不少已當上派出所主管，手下管轄數十名員警，出入體面風光。反觀他和手下五個同仁，卻成天穿著便衣、布鞋，外貌和基層刑警無異，何來長官、部屬之分？

平日關切，遇事力挺，打造眾志成城的團隊

侯友宜明白，他無法將自己的價值觀強加在其他人身上，但是他能夠透過對部屬生活及操守的嚴格要求，打造一支正派的執法團隊。於是他鼓勵同事們增加積分、教育及力求上進。

若說刑警侯友宜的奉公，是對內團結一心，對外實現正義；市長侯友宜的奉公，則是對上恪盡職責，對下力挺基層。

侯友宜出席臺北慈濟醫院所舉辦《挺在疫浪的前線》新書發表會，於會中分享新北市的抗疫經驗，並道出對於醫療院所的感謝。

二〇二二年七月，在出席臺北慈濟醫院所舉辦《挺在疫浪的前線》[1]的新書發表會上，侯友宜對過去兩年多醫護基層不眠不休、勇敢抗疫的辛勞，表達由衷的感謝。

在活動現場，他同時感嘆新北市醫療資源與人口數相比的匱乏，以及疫情的重中之重，並對二〇二一年Alpha病毒爆發到二〇二二年Omicron大海嘯，所有醫療院所用愛守護新北市民的健康，致上敬意。

除了站在第一線與病毒對抗的醫護人員外，早在侯友宜接任市長之初，就曾於市政會議上再三重申自己出身警界，瞭解警政，新北員警的難處，主要是必須面對城鄉差距、人口膨脹及警力不足等狀況。並強調「只要我在的一天」，一定力挺基層員警。

1 《挺在疫浪的前線：臺北慈濟醫院守護生命守護愛》，二〇二二年，天下文化出版。

──無私，就能以合作代替競爭──

「台灣很小，現在疫情雖然穩定控制，但這場仗我們還沒打完，還在努力中，不只同島一命，更需要大家同心協力，守護人民，永遠不變。」二〇二一年衛冕《遠見雜誌》縣市長施政滿意度調查的五星殊榮後，侯友宜在臉書上如此寫道。

這不是他第一次呼籲這片土地沒有分裂的本錢。長期以來，侯友宜皆鼓吹不分顏色、共同為社會服務，並積極強化新北市與其他城市間的溝通協作，希望從各個面向出發，一起帶動經濟發展。

在二〇二二年三月雙北合作交流平台的市長層級會議上，他回顧疫情籠罩下的近三年，兩市合作議題很多，例如大眾運輸系統建置、改建中正橋、共飲翡翠水，以及圖書館、街頭藝人都可一證通用等，目的都在創造共同生活圈，為市民謀取更好福祉。

截至目前為止（二〇二二年八月），雙北計有一六二合作案，其中一三六案已完成，尚有二六案仍在推動中。

首先是北台灣科技產業串聯部分，新北環狀線、淡海輕軌第一期已營運通車，北環段北機廠於二〇二二年三月動工，捷運汐東線於同年三月十五日通過交通部審查，將串起汐止、汐科、樟樹灣、社后與東湖地區交通，帶動內湖、南港、社后、樟樹灣、遠雄 UTOWN 及北五堵新市鎮等產業區，塑造北北基生技產業廊帶。

在公共運輸服務方面，雙北兩市現提供民眾三十二條跨市快速公車路線，公共運輸定期票更給予市民朋友自在探索城市、輕鬆直達目的地的便利性；此外，兩市攜手執行板新地區供水改善計畫，有效調度新店溪、翡翠水庫等水源，預計將供應三二四萬名市民品質穩定的飲用水，進一步守護大眾健康。

雙北市長於二〇二二年三月舉辦雙北合作交流平台，兩位市長於市長層級會議中，就雙北共同生活圈、資源與經驗分享，共同制定更多便民的計畫與政策。

透過資源與經驗的分享，雙北共同發表提升公共運輸服務、雙城合作共飲翡翠水、HPV疫苗雙北接種方案、大量傷病患通報及後送機制、共同籌辦二〇一七世界大學運動會、北北基好玩卡景點合作與整合案等成果。

北北基桃首都圈，連結九百萬人的幸福生活

新北市境內環繞著台北市及商港城基隆市，形成大台北都會區共同生活圈，並與桃園市、宜蘭縣接壤。因位處中心，與周邊縣市關係密切，侯友宜更珍惜每一次的合作機會，盼能透過城市與城市、中央與地方的齊心協力，共同面向世界的挑戰。

以連結（台北市）南港與基隆的基隆捷運為例，由於大部分路線將通過（新北市）汐止地區，並計畫銜接規劃中的汐東線，因此無論經費、興建或未來營運，侯友宜都承諾將肩負應承擔的責任，實現大台北首都圈共好的目標。

而大數據在各領域的應用，則牽成新北市與桃園市的合作契機。有鑑於新北市政府警察局自二〇一三年首創全台第一的「情資整合中心」（Intelligence Integrated Center, IIC），為台灣智慧警政發展達成一項重要的里程碑，桃園市議會警政衛生委員會議員與桃園市政府官員於二〇二二年七月專程參訪新北市政府，以交流警政科技資訊。

以打造智能城市為目的的「情資整合中心」，是新北市前市長朱立倫於二〇一一年就任時，便已提出的政策願景。該中心的設置理念為城市治安治理應搭配科技，運用大數據、AI人工智慧技術，精準警察勤務，並整合各單位情資，化被動為主動，強化局處跨域合作，共同編織綿密新北社會安全網，以達有效犯罪預防。

根據新北市警局表示，情資整合中心在二〇二一年新冠疫情爆發時，更擔任不可或缺的角色，當時比照重大刑案偵查技巧，規劃一千六百名警力，針對快篩陽性案件「超前疫調」，採取精準疫調策略，擴大匡列確診與快篩陽性者所有可能接觸者，加速斬斷傳播鏈，對新北市整體防疫政策有重大成效。

新北市消防局也建置「新北市智能防災整合平台」，運用防災創新科技整合中央與地方防救災系統及監測資料，將全災型智慧指揮監控平台（EDP）、新北災訊E點通及防救災Data Center結合應用，且介接整合超過九十項防救災資料集與累積約九百萬筆防救災監控數據（含CCTV即時影像），並建置颱洪災情預警系統（Disaster Warning System, DWS）。

為因應COVID-19疫情，新北市消防局運用最新科技化防救災系統，即全災型智慧化指揮監控平台（EDP），針對因疫居家照護對象，運用定址分析功能，計算出居家照護者的空間分布資訊，輔助權責機關執行「健康照護」及「生活關懷」各項服務。

二〇二〇至二〇二二年疫情期間，在新北市警、消的共同合作下，結合情資整合中心及智能防災整合平台，不僅有利於精準疫調，更以科技防疫，讓疫情得以逐步控制。

為克服疫情的考驗、後疫情時代的轉型、氣候變遷的危機、人口和科技的挑戰以及國際大都會的競爭，台灣亟需從外交、軍事、政治與經濟各方面展現自身價值。

侯友宜深知，我們沒有以私害公的空間。

在邁向共榮共好的路上，他對奉公的信念，既受之父親的身教、也得自警校的言教，最終化為日常的實踐，以及對所有這片土地上人們的期待。

新北市於二〇一三年率先全台成立「情資整合中心」，運用大數據、科技、AI 人工智慧，不僅有效改善治安，更在二〇二一年新冠疫情大爆發之際，成為新北市得以精準疫調的大功臣之一。

侯友宜的探長夢

每當有媒體或民眾好奇詢問侯友宜，當初怎麼會選擇就讀警官學校時，他總是先開懷地笑著，接著簡要地回答：「因為想要學壁虎功！」

正當大家一頭霧水時，他會用充滿赤子之心的真誠表情繼續為眾人解謎。

原來，正值十七、八歲的侯友宜，迷上了一部在報刊雜誌連載的小說《十大神探》，說起小說情節，他比手畫腳的，彷佛自己就是故事中的主角，那位手腳靈活、會壁虎功的神探。一心想要學習壁虎功的他，認為進了警官學校，當上警察、探長，便能學會絕世武功。這個故事聽起來有點天真可愛，卻是侯友宜進入警界的初衷；而他真正想做的，或許也是透過探長這樣的角色，幫助生活在社會基層的人們。

許多人對於侯友宜的就學之路感到好奇，也時常有人問他，是否曾在午夜夢迴中，想過自己當初若選擇不同的學校與科系，或許會有更好、更輕鬆的人生道路，他總是笑著認為人生沒有所謂輕鬆的路。再者，他從來不後悔自己的選擇，也自認走在一條正確的路上。他曾表示，身為刑警可以在第一時間阻絕犯罪，讓民眾免於被害的恐懼，或許便是他當初尋找的夢想。

在一場與青年學子的對談，有學生問到他

的休閒活動，他說自己其實沒有太多時間可以做工作以外的事情，就連每日必須進行的運動，也是在跑步機上，邊跑步邊看新聞報導，瞭解一天的時事與動態。

結束對談後，侯友宜感嘆地說著，自從當上刑警後，時常一接獲訊息便得趕到現場，隨時待命的他，有幾次正在和妻子看電影或在家休息，卻因為工作的關係不得不馬上離開。因此，他最希望、也最想望的休閒活動，便是什麼也不做，能在家裡發呆一天。

離開第一線的刑警工作，到擔任警政署長、警察大學校長，侯友宜看到警政系統的困境和更多改善的可能，他認為許多事情需要從法規制度上著手，才能變得更好。於是他自問：可以做什麼才能讓整個社會更好？在這樣的因緣際會之下，讓他決定往政務官的路途邁進。

從刑警、警界高層，轉換跑道擔任八年的新北市副市長，接著是新北市市長，一路走來，侯友宜幾乎可以說是馬不停蹄地往前奔跑，若以工作狂來形容他，一點都不為過。

但他總認為，自己不是工作狂，而是比別人多了一份責任感，「對於被害者家屬來說，早一天找到兇手，就早一刻放下；而對於市民也是如此，建設、改善的速度快些，便利的生活便離市民更近些。」

Chapter 08

多元

消除歧見、填合鴻溝，以寬廣視野望向未來。

瞬息萬變的時代彷彿一把利刃，將原本扁平的世界切割成複雜的多面體。大至國與國之間的經貿合作形式，小到人們日常生活的支付場景，人們在擁有愈來愈多選擇及可能性的同時，也不斷面臨全新型態的衝擊與挑戰。

多元，是社會邁向下一個階段的必然軌跡，侯友宜在這段路途上，與新北市一心同體。

談到家庭組成，侯友宜常笑著自己在家中是「弱勢族群」，對此他甚至開玩笑說自己住在女生宿舍裡，室友是太太和三個女兒。

正因為最親近的家人皆為女性，擔任刑警時的他就曾基於安全考量，盡力避免妻女曝光；踏入政壇後，這份擔憂轉為尊重，侯友宜從不請老婆孩子幫忙，將她們推上前線助選拉票，社交媒體上也僅見逢年過節時，一家五口團聚用餐的點滴紀錄。

為了能跟女兒多聊兩句而接觸寶可夢（Pokémon），恐怕是這位鐵漢父親少數外顯的柔情。

一 職場性平大步走，女性頭頂一片天 一

既為人夫也為人父，侯友宜對女性權益及福利格外重視，他認為所有人都該不分性別，在政治、經濟、社會和家庭中受到平等對待。

對此新北市政府積極從自身做起，用人唯才、不分性別。在目前二十九位局處首長中有十位女性，比例約為三三%左右，遠高於行政院國家永續發展委員會於二〇一九年七月所核定《臺灣永續發展目標》中二〇三〇年的目標比例[1]（二五%）。除此之外，新北市經發局為鼓勵女性在企業實現自我，打破職場刻板框架，於二〇二一年十一月舉辦「新北企業女傑獎」甄選，順利遴選出

1 詳情參照《臺灣永續發展目標》p.99 指標 5.5.2：直轄市及縣（市）政府晉用女性擔任一級單位主管及所屬一級機關首長的平均比例。

十位職場傑出女性，並於二〇二二年九月頒獎，期待藉由表揚優秀女性企業主管及性別友善企業，讓更多企業重視女性高階人才，展現新北市多元的力量。

據統計，截至二〇二一年底，在新北市十四餘萬家的公司裡，女性負責人的企業有四萬四千餘家，占了三一．一五%；自二〇一一年至二〇二一年，女性負責人比例每年均持續成長中。

自新北市政府將二〇一六年訂為「新北性平元年」後，每年都致力於縮小因性別產生的差別待遇，並為促進職場性別平權，制訂了一系列政策，如培力企業中高階女性主管人才、提升女性職場領導力，建構女性友善創業育成環境，同時擬定具體獎勵措施、保障女性取得創業資源與市場行銷機會等，使女性在職場上形成一股不容忽視的力量，而這股力量正默默地改變著企業經營生態。

透過新北企業女傑獎等活動的推廣，侯友宜期盼性平觀念能深入企業內部，經由表彰公司經營成功的女性創辦人或在職場上表現優異的女性主管，使她們努力獲得的工作成果、創造自我價值的過程被眾人看見，成為其他女性的表率。

在生命的轉彎處，助妳一臂之力

為優秀女性喝采的同時，侯友宜更關切弱勢女性的處境，盼對她們伸出援手，提供各項即時且有效的援助。

在二〇二二年六月的市政會議中，新北家防中心公布新北市家庭暴力通報案件於二〇二一年已達兩萬三千餘件。受疫情影響的婦女，受暴後將遭遇更艱巨的考驗，無論求助、庇護、就醫、重新就業、獨立生活或照顧子女，壓力都會加重。若被害人為新住民、居隔者或確診者，恐怕雪上加霜。為此新北市首創協助婦女就業、居住及子女照顧一次到位的「婦女增能三合一」計畫，有效

新北市拍攝「我們都是女 Leader」紀錄片，以女性領導人為主題，道出新北市蓬勃多元的女力故事。

結合城鄉局等公私部門發展愈來愈完整的多元庇護資源，成為受暴婦女完善的後盾，幫助她們於各方面獲得支持，得以自給自足。

此外，新北市的婦女有兩百萬餘人，尤其在新北市第一線醫護人員中，有七成比例是女性，家庭中也有六成以上的家庭照顧者為女性，眾多女性同時肩負著家庭及工作的重擔。為感謝女性對家庭、社會的付出，並減輕婦女負擔及照顧各年齡層女性的需求，侯友宜積極發展各項婦女福利政策，包括廣設公托中心、補助新北好孕專車產檢、開辦婦女大學、推動月經平權及消除性別偏見等，未來也將發展更多元的婦女服務和女性人才培力計畫，讓新北市成為最友善的幸福城市。

一 青銀共居，打造住宅與家庭的新定義 一

根據美國史丹佛長壽中心（Stanford's Center on Longevity）一項研究報告指出，健康生活、財務安全和社會關係是與長壽相關的三大關鍵領域。正因為許多國家都意識到這三大因素為人類壽命帶來的影響，因此愈來愈多機構、組織推動彼此互惠的跨世代共居，鼓勵三代人在同一環境中自在生活、建立文化規範，透過分享傳統及生活經驗，打造一個相互支援的網絡。

這股全球性的風潮吹進亞洲，於日韓等地也在地化形成廣受矚目與青睞的型態。在《日本經濟新聞》二〇二二年初的報導中便指出「多世代型共同生活空間」（多世代型シェアハウス）透過多代同居，拓寬了彼此的價值觀，讓獨居無法獲得的體驗成為可能，「如此一來的好處，是通過彌補核心家庭的人力不足，更利於夫妻兩人出外工作。（這種共同生活空間）所提供的物業和照護型態正變得更加多樣化，包括私人空間和晚餐服務。」

為新北市民提供與國際同步的生活品質，侯友宜不落人後，陸續推出各項計畫，力邀青年與銀髮族相互扶持，共同生活。

二〇一九年完工的新店央北青年社會住宅坐落於住宅區內，附近有國小、醫院、文教等設施，生活機能完善。整座社宅共計一〇七〇戶，規劃興建融入社會福利概念、設計友善空間與智慧節能、制度完善且施工管理得宜，並推動青銀共居、跨世代共居種子計畫，結合長照概念、強化社區關懷和回饋，可謂優質社宅的典範。

除了新店央北外，位於土城的員和段青年社會住宅亦於二〇二一年底完工。「新北社宅享一起：員和合作共居計畫」是新北市攜手OURs都市改革組織合作推行的全國第一處社宅合作共居計畫，其特色之一為「青年共居」，員和社宅規劃有「青年共居空間」、「青創中心」等開創性空間，配備「托老中心」、「托育中心」等公益設施，能作為青年放心居住、安心打拚的堅強後盾。距離捷運五分鐘的區位優勢，使員和社宅成為最適合作為創新與創意試驗的孵化基地！

向年輕人招手，安居新北選擇多

新北市與中央合作社宅政策十年有成，興辦量體至二〇二二年八月為止已達一・一萬戶。在土城員和社宅招租發布及共享空間開箱的活動現場，侯友宜承諾未來將持續以容積獎勵捐贈、公有地都更分回、都更一箭TOD增額容積、都更二箭容積加給、多元社福社宅、整體開發取得等開發利得回饋方式，多元展望四・五萬戶社會住宅。

除了取得方法的多元外，新北市社會住宅資源為協助更多弱勢族群，還以多元運用的形式，規劃專案弱勢安置（如婦女及兒少安置）、青銀共居、老屋換居、都更中繼，甚至因應疫情設立醫護休息站等，並結合托幼、托老等社福設施，服務各年齡層有需要的民眾。

即使並非設籍於新北，只要在此就學、就業，侯友宜仍竭誠歡迎青年朋友落戶生根，成為大家庭裡的一份子。對此市府以多元住宅政策協助年輕人入住新北，除與中央合作興辦合計已達四．五萬戶社宅存量，另外每年租金補助多達三．二萬戶、包租代管約八千戶，總計可協助達八．五萬戶，提供青年朋友不同區位、價位及樣態的住宅選擇。

一 文化海納百川，新北有容乃大 一

新北市升格十年，除人口數長居全國首位外，新住民及其子女人口數亦超過十一萬，如此背景造就了新北文化的多元性。為了讓來自各國的新住民在此安居樂業、與城市共榮共好，侯友宜與相關同仁擘劃了「二〇三〇新住民十年政策」提供各項協助，從「人才培育、接軌全球、聚落營造、福利服務」四大

方向助其一臂之力，希望他們能在這塊土地上發光發熱。

此外，由於大量外籍人士的移入，在新北形成一幅特殊的人口組成風景，新北市政府進一步將新住民納入六大城市願景工程，邀集超過一百個產官學民單位，透過跨局處、跨領域、跨國際合作，推出樂活、樂業、樂學三條龍政策。侯友宜於二〇二一年的一場活動中表示，在新住民及其子女的升學進修方面，市府將透過「樂學一條龍」政策，提供語文及免費線上課程，同時推進校校國際化認證，讓多元文化活動扎根校園。但事實上，在此之前新北市政府教育局已於二〇二〇年正式啟用首創的「新住民好學平台」，由教育局整合市府跨局處各項新住民學習資源，凡設籍新北市的新住民皆可線上查詢語文、人文、技術、教育及進修共五大學院實體課程資訊，並提供線上報名、個人學習紀錄及客製化學習地圖服務。

在就業創業方面，市府則推出「樂業一條龍」，提供職訓及證照輔導的專屬優先班，給予創業微利貸款及諮詢輔導，表揚友善典範企業。

除了教育及就業，新北市更關注新住民的身心育樂，侯友宜後續補充道，二〇二一年新北又設立三所新住民學習中心，總數七所達到全國第一，同時在各區開辦新住民關懷服務站，輔導新住民進行公共參與，舉辦多元國際活動，營造豐富的友善環境，讓新住民能感受家鄉文化氛圍，也讓新北市成為更國際化的城市。

在餐桌上與世界交朋友，妳的家鄉味打造我的國際觀

「我小的時候，就常常在餐桌前聽長輩告訴我一道道台灣小吃的背景故事，往往一口餅、一碗麵，身後藏的都是豐富的歷史與文化。」侯友宜曾在臉書上如此寫道。

定居新北市的新住民多半來自東協七國，無論越南、印尼、菲律賓、馬來西亞、泰國、柬埔寨、緬甸等國飲食，口味都偏香、甜、鹹、辣，和台灣民眾

10
分
10
分

幕式除油煙機02
水幕式除油煙機08
10
分
10
分
10
B
海餐食

日常接觸的菜色很不一樣，為了幫助孩子自小親近異國飲食文化，扎根飲食教育，與世界接軌，侯友宜上任後不久隨即啟動新北校園午餐3．0，讓下一代能從學校午餐出發，開展寬廣的視角。

二〇一九年底，新北市教育局編撰完成國際食譜教材手冊，內含越南、泰國、緬甸、柬埔寨、馬來西亞、印尼、菲律賓等七國共三十五道料理，並於二〇二〇年寒假期間首辦「校廚教學營」，播種新北七所自立廚房學校，試辦「每月一道東南亞料理」；其後由於初階班課程大受好評，特於二〇二一年底增設進階班，邀請參與學生票選，選出菲式春捲小炒、越式獅子頭、泰式蒸魚、緬甸咖哩豬、大馬肉骨茶湯、羅望子蔬菜湯及柬式炒米粉等七道色香味俱全的特色料理，進行實作，現場氣氛熱烈，參與的校長、校廚與營養師，反應相當踴躍。

透過料理實作教學，侯友宜期盼政府成為一股助力，支援校廚與營養師規劃、交流校園午餐，融入新元素，以培養國際飲食教育種子學校，也協助孩子

多元文化不僅從政策上做起，更要從教育開始深耕。新北市教育局辦理「校廚教學營」，讓學生從餐桌上瞭解不同國家的飲食文化。

們在餐桌上和世界交朋友，從美食文化瞭解其他國家的背景，經由餐桌上交談的過程中更認識彼此。

—借鏡他國，多元管道為台商回流布局—

近年受到中美貿易戰、新冠疫情以及俄烏戰爭等影響，造成全球供應鏈重組，加速台商積極回流布局，國內產業用地需求熱絡。對此，侯友宜與團隊同仁為鼓勵民間加速落地投資，透過自建智慧園區及工業區立體化等方式，持續釋出用地空間，積極打造新北市高就業、高附加價值的產業聚落。

二〇一九年侯友宜曾率隊考察新加坡、泰國、越南等東協國家，進行城市、產業、經濟及文化等交流，並汲取當地成功開發工業園區的經驗，作為新北市開發新型態產業園區的參考，引入創新思維以創造智慧產業群聚效應，帶領新北企業創新研發及升級轉型。

以泰國「安美德工業園」為例，其為東南亞規模最大、入駐跨國企業最多、經營最成功的工業園區，產值超過五百億美元，園區建置包含學校、醫院、銀行、商場、飯店等設施，儼然是個工業小城；而以工業4．0為主軸的新加坡「裕廊創新區」則提供協作平台，將研究轉化數據供產業應用，藉由物聯網、機器人、擴增實境等技術，讓傳統製造業技術再升級，且透過商業活動和技能培訓等，建立互助互輔的產業生態系統。

於是，新北市政府投入約四十一億元，在短短一年八個月內即自行規劃興建完成「寶高智慧產業園區」，除擴增實質廠地空間，同時也引進具商業、生活機能的支援服務及綠地環境，將寶高打造為「生產」、「生活」、「生態」並重的「三生一體」智慧園區，實踐新北在地就業、在地生活的安居樂業理念。其中，園區一期已成功吸引特斯拉（Tesla）、鴻海及台灣國際航電（Garmin）等國際級大廠加入。

華碩旗下的工業電腦廠「研揚科技」規劃在寶高園區設置營運總部辦公室，研揚莊永順董事長表示：「研揚近年來專注於AI邊緣運算及智慧城市的打造與規劃，與寶高的建構理念不謀而合，未來希望可以將集團內的所有事業體都集中到寶高園區內，讓整個產業鏈可以更加完整。」

寶高園區二期正如火如荼地展開報編作業，園區一、二期初估將可創造二八六億元年產值及九千兩百三十個就業機會。盼透過指標性廠商的進駐，凝聚相關智慧產業、國內外加速器、孵化器甚至新創平台等，群聚在寶高園區中進行跨域合作，驅動新店乃至於新北各區傳統製造產業向上發展，建立完整的新北智慧產業供應鏈生態圈。

工業區立體化政策更是產業空間拓展的重要體現，透過新增投資、能源管理、營運總部、捐贈公益設施等方式提供容積獎勵，讓建築物向上發展，除了解決空間不足的問題外，也有助廠房翻新、拓增廠房面積、市容改善、增加就業機會，更促進業者轉型升級。自二〇一九年啟動立體化以來，已累積通過五十九件申請案，申請件數為全國第一，總樓地板面積達七二．四萬平方公尺，透過容積獎勵額外新增二〇．四萬平方公尺，創造一千兩百九十八億元產值。企業也回饋四處公托、育成及活動中心，與市府共構社福空間。

木製裝潢建材商「科定企業」參與工業區立體化方案，於新北產業園區設立企業總部及研發中心，獲得「新增投資」一五％、「營運總部」五％，共二〇％的頂級容積獎勵。科定曹憲章董事長提到：「企業能以較低的投資付出，換取高額容積獎勵，不僅是政府對企業的一大利多，同時也是共創地方經濟發展、互利互惠的良益政策。」老牌通風機製造商「順光公司」與「綠意開發」合作規劃的土城區「綠意順光天下」廠辦大樓，則將興建約四十個廠房單元，引入電子零組件、電機及通訊產業，估計可創造近五百七十個就業機會，透過立體化容積獎勵，捐贈六十八坪空間設置里民活動中心，提供周遭居民休閒活動場所，回饋地方需求。

除了透過智慧園區創建及立體化容積獎勵，滿足業者對產業空間的需求

位於新北市新店區的寶高智慧園區，不僅帶來高科技產業聚落，更將為新北市建立完整的智慧產業供應鏈生態圈。

外，新北市政府亦積極辦理瑞芳第二產業園區、林口工一產專區等產業用地開發，民間園區報編作業也持續進行中。未來，更規劃於寶高園區建立完整智慧電動車供應鏈聚落，於新莊Fintech金融科技園區提供金融、研發、展示等複合式試驗場域，結合雙和醫院的能量，打造中和灰磘地區為生醫園區，達成二〇三〇智慧經濟新北城的目標。

日新月異的科技加速了時代的發展，在豐富人類生活的同時，帶來大量挑戰及變數。如何輕盈地邁向未來，保持彈性與關懷、避免陷入「工具規律」（Law of the instrument）[2]，是對各行各業都受用的指南。

多元，是掙脫束縛的力量、城市進化的必修，也是新北破蛹成蝶的過程。侯友宜將一路以開放的態度，為民眾推開通往連結世界的窗。

2 也稱作「馬斯洛的鎚子」（Maslow's hammer），意指對某一項熟悉工具的過度依賴。

新北市的原住民政策

二〇〇七年，聯合國通過〈原住民族權利宣言〉，是消弭對原住民族的權利侵犯、歧視及邊緣化的重要指標，並申明所有民族都對構成全人類共同遺產的各種文明和文化的多樣性和豐富多彩做出貢獻。

新北市本身即是原鄉大聚落，伴隨著台灣經貿發展，吸引益發多元的原民族群移居，成為國內重要的新原鄉聚落，也讓新北市的原住民族事務發展日進千里。

「安居樂業」、「簡政便民」是新北市的優先工作準則，而這也同樣落實在原住民族事務上，新北市府希望能夠貼近原民心聲、改善發展需求，因此推出「天使基金創業」、「文化健康站」、「振興族語發展」、「舉辦原住民族文化會議」四項重要政策，希望更好地幫助原住民在新北市的生活與未來發展——

天使基金創業

提供原住民創業團隊包含天使資金、開辦創業技術課程、創業基地、導師輔導和行銷規劃等協助，另有虛實整合的銷售通路媒合，消弭原住民族的創業門檻。

文化健康站

考量部落地理環境，醫療資源、照顧服務人力不足等不利因素，發展在地照護、培植在地原住民族人民團體為原則，消弭醫療照護不均等。新北市政府推動原住民文化健康站共二十七站，並經由在地培力協助考取照服員證照。

振興族語發展

有鑑於語言是重要的無形文化資產，聯合國亦非常重視各族群的母語學習，一種語言的消失，象徵著一個文化的消失。為守護原住民族語言，新北市政府每年開設族語學習班，並培訓族語師資，維繫各族群母語的文化生命力。

舉辦原住民族文化會議

透過定期召開會議（包含原住民族文化會議、族語事務會議），強化與族人團體間的連結，增進彼此間之合作交流，並從中檢視原住民族重要政策，每位與會者的建言都將做為原住民族事務重要執行政策參據。

新北恰如台灣縮影，也當映照台灣多元族群相互共榮共好的社會風貌。

Chapter 09

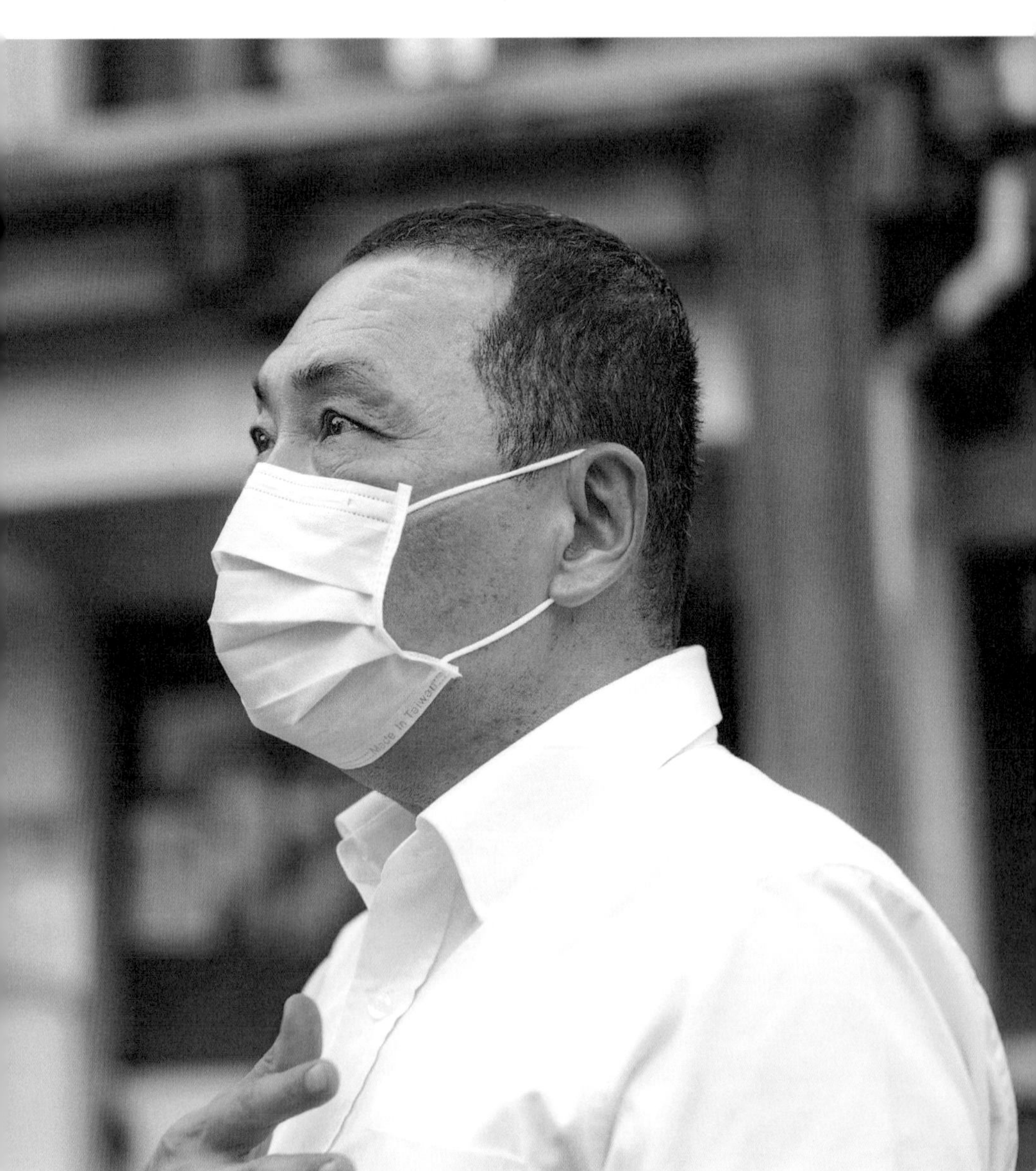

信任

抗疫，
是打一場風雨同舟的仗。

過去數十年間，侯友宜頻繁與死亡交手。
如何避免讓民眾的生命受到威脅，是他從警數十年的使命，
也是驅動他日夜不輟、除暴緝凶的信仰。

信任，是強化團隊關係的黏著劑，
在他一場又一場和死神奪人的戰鬥中，無役不與。

二〇二〇年一月二十一日，在WHO宣布發現新種傳染病毒後兩週，台灣出現首例確診病例，在武漢工作的五十五歲女台商因出現發燒、咳嗽等症狀，返台後隨即被後送就醫，中央流行疫情指揮中心宣布將疫情等級提升至第二級[1]，直至二月中旬，港澳疫情持續升溫，鄰近的日韓等國相繼爆發多起確診案例，一把社區傳播的野火在當地延燒。

二月下旬，疫情快速往西方國家蔓延，重災區由亞洲移向歐美，全球各地確診人數不斷攀升。WHO自二月份將新冠肺炎正名為COVID-19後，於三月中旬將其定性為「全球性流行病」（pandemic）。

防疫超前部署，全國跑第一

為防微杜漸，對或將迎面來襲的疫情做好最佳準備，新北市政府在WHO宣布新冠為全球性流行病後，隨即於二〇二〇年三月十四日在新店區央北社區，舉行全國、同時也是國際首場的「大規模防範武漢肺炎社區大感染示範演習」，甚至動員新北各局處以及國軍支援，共千名人力，完成社區感染前、中、後期全方位防疫實兵演練，提升各項防疫管控以及應變能力。

這次演習內容設想為針對平時居家檢疫整備、居家簡易關懷、零星個案確診、單一社區感染到大規模社區擴散的狀況進行完整的演練。時任中央流行疫情指揮中心指揮官陳時中也親自到場坐鎮，並稱讚演習十分逼真，就算在天候

1 編按：同年二月二十七日指揮中心再提升為一級開設。

不佳的狀況下亦可順利完成。

演習當天，侯友宜對有可能接踵而來的第二波、第三波疫情提醒民眾有備無患。他認為新北市應當做好超前部署的準備，以當天的演習來說，著重在超前部署的社區感染，當社區感染發生，會在新北市的醫療、診所及關懷站，都設置指揮所，並在受感染的大樓內，率先進行居家隔離，讓健康者出來、不健康者則做好居家隔離和診療。

若一旦爆發大規模社區感染，新北市也在沿海區擬定了「隔離收治中心」計畫，總共規劃兩千個床位，收治對象為輕症或無症狀的確診個案，內容包含自動監測、通信診療方式及醫護人員的進駐。當時（二〇二〇年三月）新北市規劃有十七家急救責任醫院，盤點共計將近六百七十八床，若經妥善的清空計劃，可達一千床。在侯友宜及同仁的規劃下，希望將重症、需要醫療者，納入十七家急救單位內，若新北市未來面對確診個案達三千名的狀況，衛生局方面將有足夠的能力，準備好對抗病毒的收治能量。

二〇二〇年三月，新北市政府於新店區央北社區舉行「大規模防範武漢肺炎社區大感染示範演習」，以萬全的準備面對可能到來的重大疫情。

此外，為維護師生健康，二〇二〇年初中央決議將高級中等以下學校的開學日延後至二月二十五日開學。面對開學在即，侯友宜提出「三級防護策略」及「健康五原則」，即實施上學前，進校門、隨時監測教職、員工及學生健康情形的「三級防護策略」，以及戴口罩、勤洗手、量體溫、保持教室通風、請家長自主健康管理的「健康五原則」來落實防疫。至於防疫物資，他強調新北市已做好萬全準備，在漂白水、酒精、額溫槍，甚至備用口罩，都已盤點好數量，希望家長別太過擔心，盡量配合政府措施，加入防疫行列。

兵推演練，為新北抗疫打造防禦工事

為阻絕病毒於境外，侯友宜的超前部署馬不停蹄；追隨身後的市府同仁，也以信任相伴。

演習結束後一個月，新北市政府舉辦擴大管制兵棋推演，採取「低度活動、高度管制」的方式，以阻斷城市大規模的社區傳播，除參考歐美國家及韓國、新加坡的做法外，也依照全民動員準備法及傳染病防治法等相關法令進行規劃。

作為全台第一個舉辦擴大管制兵棋推演的縣市，新北市從整備期、執行期到復原期，將所有情境都設想得面面俱到，讓所有局處模擬災害發生時如何解決困難。侯友宜特別提醒，疫情的復原與一般災害不同，復原期不會馬上全面恢復正常，必須階段性地逐步恢復。

他在兵棋推演當天強調，這是新北市為了因應第三階段做的準備：第一階段是正在進行的避免社區感染擴大，一切都在掌控中；第二階段是管控大規模社區感染（單一社區內傳播），一個月前曾在新店央北社區進行演習；第三階段則是阻斷城市大規模的社區傳播（城市內的多點社區傳播），因為無法進行實兵演練，所以用兵推的方式呈現。

但由於此類推演全國皆無先例，新北市政府花了三週時間，研究新加坡、韓國、歐美各國擴大城市管制的做法，再依據新北市的地形地貌，詳細盤點資源，針對各種狀況做假想推演，待中央下令就可以立即啟動。侯友宜在現場說道，新北市帶頭做兵棋推演示範演練，給各縣市、中央做參考，讓大家可以根據這個版本做調整，是本次兵推的主要目的。

緊收容易開放難，挑戰接踵而來，不可輕忽

早在二〇二〇年新冠之火始燃，侯友宜便考量到疫情的復原期可能會面臨緊收控制容易、開放困難的狀況，管控很容易，但何時開放外國人入境、學校何時復課，都要根據疫情一步步穩紮穩打，畢竟開放不只是台灣一方的事，要隨著全球疫情狀況做整體考量。他提醒各局處戒慎恐懼，防疫只有嚴陣以待，沒有輕視的餘地，要做最壞的打算、最好的準備。

這次兵棋推演事項包含民生物資整備、商業行為限制、醫療衛生救護、人

員進出與交通運輸管制、停課教育資源、弱勢族群照護及國軍支援等，旨在整合新北市人力、物資等資源，配合中央防疫政策宣布及指示，結合台北市、桃園市、基隆市及宜蘭縣等鄰近縣市的區域聯防，共同進行城市間檢疫及防疫工作的合作，以降低疫情衝擊，確保民眾的平安健康。

說到做到，不辜負民眾的信任

在疫情進犯的第一年，根據《美麗島電子報》民調，侯友宜的信任度高達七四%，信任指數排序第一，經交叉分析各群民眾皆獲得壓倒性的信賴。

面對各方的肯定，他除了感謝大家給予的鼓勵和鞭策，更允諾將持續努力，改變的城市面貌，滿足市民的需求，一如二〇一八年投入選戰首支形象影片傳達的初衷——拍了胸脯，就要說到做到。

時序進入二〇二一年，疫情未見稍歇，一月份緊鄰新北的桃園爆發醫院群聚感染事件，不久後台灣總確診數破千例，大有山雨欲來之勢；時至四月，桃園機場飯店再度出現群聚感染，火勢距離新北市愈來愈近。

五月份本土疫情燒進新北市，雙北進入第三級警戒。侯友宜知道居安思危已不足以抵擋來勢迅猛的病毒，新北市需要快速且大幅地提高準備，才能在後續的挑戰中降低損失。所幸在前一年疫情之初，市府團隊已超前部署，透過六大階段有步驟、有順序、有方法地執行防疫工作。

二〇二二年四月，全台疫情再起，日日關注新北市疫情發展的侯友宜，眼見變種病毒 Omicron 不容小覷的高傳播速度，以及可預見的本土確診個案將大幅度攀升，為確保醫療體系能正常運作，並保留給中重症及高風險族群，他迅速於四月十一日提出「居家照護計畫」，並成立新北市最大篩檢站「江子翠篩檢站」，也指示七家核心醫院做為居家照護的責任醫院，結合新北 iCare 健康雲遠距醫療平台及智慧管理，更與新北藥師公會合作，安排二十四小時內將藥品送達需用藥的居家照護民眾家中。

「居家照護計畫」除升級「檢疫隔離關懷中心」為「Covid-19 居家照護關懷中心」，全市共二十九區公所亦同步成立區級關懷中心，執行十大關懷項目，為居家照護者解決包括生活物資採買資訊、居家照護關懷箱派送、居檢居隔訪查、垃圾清運、心理諮詢、寵物照顧、學生關懷、弱勢家戶協助、防疫旅館協助安置，及其他緊急事故協助等難題。

此外，新北市政府率全國之先，於二〇二〇年三、四月間，辦理社區感染示範演習及進行擴大管制兵棋推演，此為第一階段；其後，新北市政府依據中央公布的疫情警戒標準及因應事項指引，於二〇二一年五月完成該年度的「新北市四級管制準備計畫」，以落實低度活動、高度管制，防止疫情擴散為主要目標；第三階段係自同年五月二十三日起，在大數據分析及公衛專家建議下，

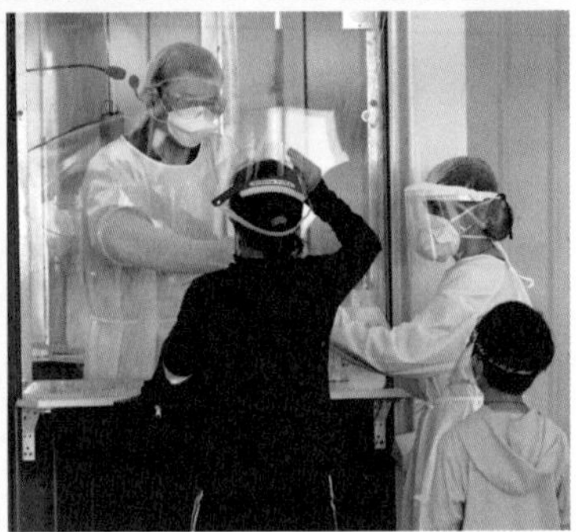

〇二二年五月，新冠疫情進入社區大規模感染，為避免大量確診者進入醫療院所，造成醫療量能不足，新北市政府於重點疫情區開啟大型檢疫站，因應現況。

針對新北市八區、十四區域、一二三里進行升級實戰演練，落實設置熱區防疫中心、設置機動篩檢站、市場加強人流管制等九大執行措施，做好升級準備。

緊接著第四階段將持續擴大高風險熱點管制，修正完成新北市二十九區實戰演練；第五階段則結合台北市、基隆市、宜蘭縣、桃園市執行鄰界管制、醫療資源、交通運輸等防疫工作，進行區域聯防；若疫情不幸持續延燒，進入第六階段的新北市已做好四級管制準備，隨時可配合中央統籌規劃，適時宣布提升警戒。

─ 權力資源下放，新北里鄰長成防疫尖兵 ─

因為亮眼的施政成績，許多人將侯友宜捧上了天。但熟悉他的同仁都知道，侯式管理自從警時代開始，就不是英雄式的獨奏，而是相輔相成的合唱。

新北市幅員遼闊，侯友宜知道市政的落實需要基層里鄰長大力協助，第一線的鄰長更代表著人和人之間的緊密聯繫與情感，因此在他接任市長之初，即期盼市府能和兩萬多位鄰長進行更密切的合作，以發揮行政效率，共同串起市政效率和溫度。

「行動治理」是侯友宜上任後推動的重要政策。藉由將市府的權力資源下放給區長、由區長扛起責任，結合里鄰長為民服務，轉變各局處的角色，改為協助各區推動各項市政工作。

侯友宜認為，區政與民眾生活息息相關，區長和里長共同推動區政，但不論是路平、環境衛生、社會安寧到氣候變遷挑戰等，都必須仰賴鄰長號召志工、傳遞眾多活動情報，其中的凝聚力，不僅可將市政工作由政府貫徹到當地，更能讓民眾接收到最新的訊息，成為前沿傳遞溫度和感情的重要連結點。新北市城鄉差距大，鄰長具有在地化、組織化的特質，還有對鄉土的感情認同，在解決地方糾紛及問題上扮演重要角色，亦成為推動地方建設不可或缺的關鍵。

新北市民政局自二〇一九年起試辦「行動鄰長」計畫，由中和、汐止和五股區透過「動態掌握」、「即時通報」及「配合處置」三大步驟精進地方服務。侯友宜在計畫起跑時指出，這些都只是初期的藍圖，更重要的是在地方展現快速通訊、資訊傳遞和組織化的指揮分工，未來將推行至全市。此外，侯友宜希望各局處首長多重視鄰長的想法和聲音，幫他們解決問題，用「重視鄰長深耕地方奉獻」的態度，增強大家服務熱忱的意願和力量。

針對年紀較大的鄰長，侯友宜不忘責成民政局善用研習機會，設計活潑生動的教材，協助對方得以簡單、清楚地接收新知；此外，為提高效率，侯友宜提醒相關局處思考科技的運用，建構一套更完整的聯絡機制，如行動推播平台，快速聯繫鄰里長、指揮中心和各局處，透過多層次的通知、傳達，以加速鄰長的行動。

二〇二一年新冠疫情升溫，全台進入第三級警戒，侯友宜早先布局的行動治理，在新北各地紛紛發揮作用。除了擴展檢疫及隔離關懷服務中心的服務能量，位居最前線的里鄰長更致力滿足居檢及居隔者的生活需求，在各區協助重點場域消毒、防疫宣導，巡視里內景點、勸導並避免群聚，同時積極媒合資源，關懷弱勢民眾。

新北市有一〇三二位里長，超過二萬二千位鄰長，他們不但熟悉在地，在疫情關鍵時刻，更全力配合市府政策，與區公所、巡守隊、環保志工、義工、社區管委會等單位形成社區安全網絡，大家團結一心，全力抗疫，避免社區傳播，也為彼此加油打氣。自二〇二一年新北市疫情亮紅燈，各地啟動週週大清消，全面消毒重點公共場域及確診者足跡熱區外，各區里長也率鄰長、志工們用漂白水，加強社區布告欄、公車亭、YouBike 等經常接觸面仔細擦拭，每個

對於突如其來的新冠疫情，台灣人民沒有贏家，我們能做的便是做最壞的打算、最好的準備。

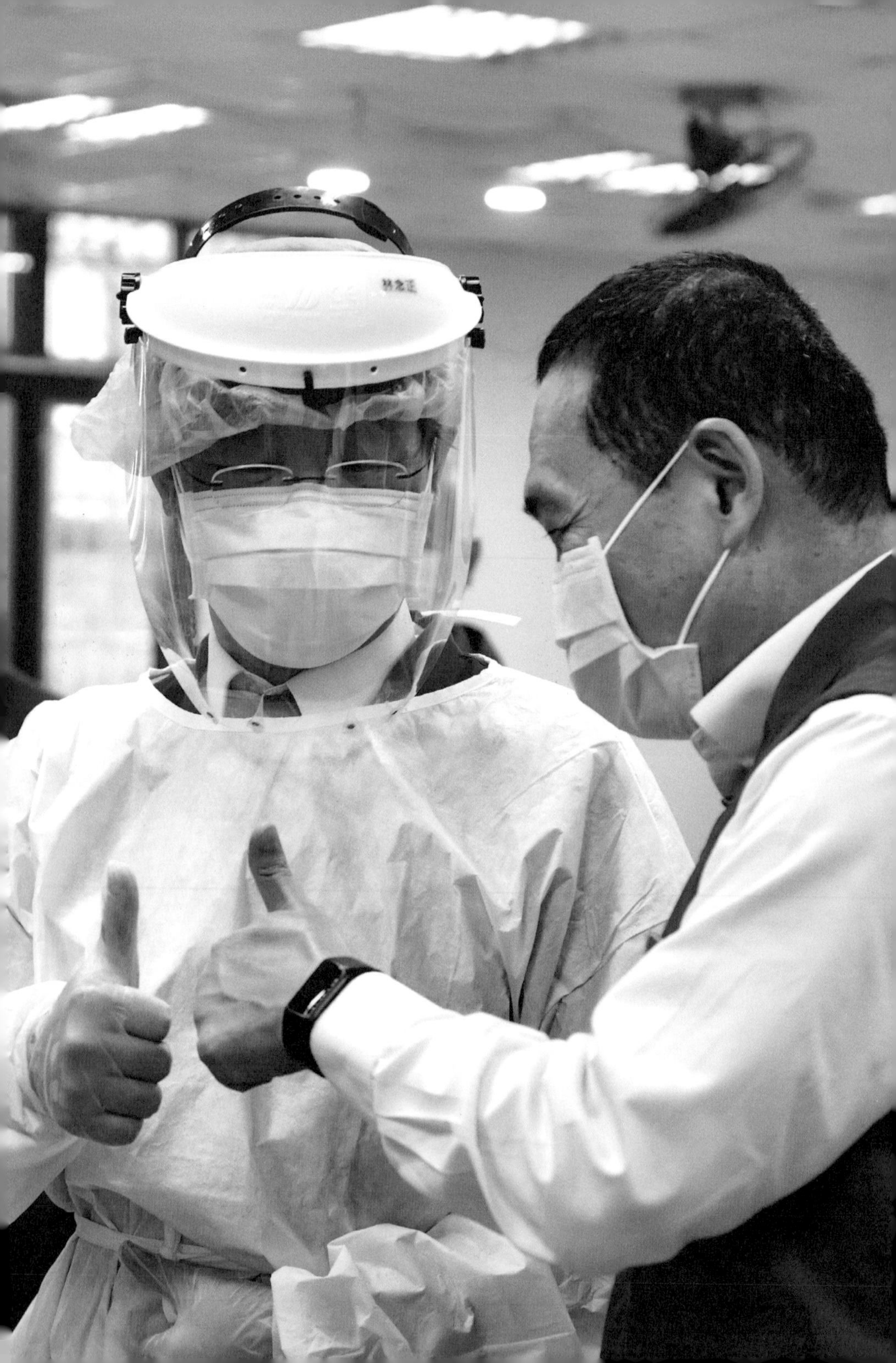

角落都不放過。

「你們就是我的手腳，你們就是我的耳朵、眼睛。」侯友宜在競選市長時，就曾對里長們做出這樣的承諾。他當時不知道的是，兩年後這群深受信任、被委以重任的尖兵，竟成了新北對抗新冠疫情的功臣。

無論是過去並肩作戰的警察弟兄，或者現在位於第一線、協助服務社區民眾的里長們，侯友宜談到人生各個階段的左右手，總是眉飛色舞、充滿驕傲。信任之於侯友宜，是能夠用生命相挺的重任、是所有關係的基礎，也是不斷加乘的內在力量。

堅持穩定的信念，用人不疑、疑人不用更讓他得以踏穩每一階關鍵步伐。

信任，才能帶來一線生機

一向沉默不多言、秉持多做事少說話的侯友宜，偶爾提起在第一線擔任刑警的過往時，總是會難得地話多起來。

在一場面對學生的演講場合裡，有學生問侯友宜：從前在面對生死關頭時，難道不會感到害怕或退縮嗎？他很誠實地說，當然會怕，但在每個需要立即做決定的時刻，沒有他能猶豫和害怕的空間，尤其是在面對窮凶惡極的歹徒時，當下的反應將影響整個局勢。

打開話匣子的侯友宜，分享了一個甚少提及的過往。

當時他擔任刑警，在某次執行巡視任務時，聽到對講機傳來某處有民眾報警，只知歹徒闖入，其餘狀況尚且不明。聞訊後的侯友宜剛好是離該民宅位置最近的員警，而支援的同仁也將在幾分鐘後到達，他當下決定繞去現場看看。

到達現場的侯友宜，評估狀況後，決定搭電梯前往事發樓層。

然而，接下來的發展卻如同電影情節般：「噹」的一聲，電梯門開了，還帶來兩名持槍歹徒。侯友宜先是與歹徒面面相覷，接著他做了一個多數人都料想不到的舉動：侯友宜拔出槍，踏進電梯裡與歹徒直接對峙。

侯友宜回憶，當時的他只是單純想著，倘若讓歹徒走出電梯，接下來發生的事情就是他無法掌握的，說不定歹徒會碰上緊接著過來支援的同仁，屆時恐怕會發生巷弄槍戰；也可能歹徒逃逸後繼續做惡，進而發生無法彌補的遺憾，而這更是所有人都不樂見的事。

在那個瞬間，侯友宜僅能思考出對大眾與現況最好的解決方案，冷靜下來的侯友宜開始與歹徒們談判，儘管居於一對二的劣勢，但他的同仁都已經做好支援的準備。「不管怎麼樣，你們都逃不掉的！」信任同仁的侯友宜以堅定的語氣告訴持槍歹徒。

在衡量過情勢後，歹徒們決定棄械投降，並被隨即趕來支援的刑警同仁們制伏。

在每個生死交關的瞬間，侯友宜的冷靜與談判力，是讓他得以全身而退的主要原因，但更重要的是，對同仁的信任，是他在勇往直前時的最佳後盾。

Chapter 10

革新

用全新的思維及做法，
助城市進化一臂之力。

卓越不是一次行動，而是一種習慣[1]——
革新亦然。

侯友宜以科技與行動，將新北市帶往進化之路，
打造出一座智慧的大城小國。

二十世紀中，芬蘭建築師薩里寧（Gottlieb Eliel Saarinen）曾在其著作中表示，城市係由許多細胞組成[2]。作為一個不斷成長和變化的有機體，薩里寧將城市的交通要道視為動脈、靜脈；將街區內的道路類比為毛細血管；城市中功能各異的區域，則像是有機體的不同器官——而整合新北市各個系統，指揮身體、發揮功能的大腦，正是由侯友宜領軍為民服務的市府團隊。

為追求體質的健康，新北市這具龐大的有機體也在持續不斷的新陳代謝過程中，汰換過老或是功能不佳的舊思維與舊做法，並以嶄新的創意取而代之。

新北進化中！造福四百萬居民的智慧城市

所謂智慧城市，較狹窄的定義指的是運用資訊及通訊科技（ICT）以提高運營效率、與公眾分享資訊並改善政府服務品質和公民福利的城市。但根據國際城市策略師布特・高漢（Boyd Cohen）在其專欄中所述，與他合作的城市代表多半「將智慧城市視為一種廣泛、綜合的方法，以提高城市運營的效率、市民的生活品質，以及發展當地經濟」[3]。針對全新的智慧城市評分標準，高漢

---

1 「我們重複做的事會造就我們。因此卓越不是一次行動，而是一種習慣。」（We are what we repeatedly do. Excellence, then, is not an act but a habit.）語出古希臘哲學家亞里斯多德（Aristotle）。

2 即有機疏散理論（Theory of Organic Decentralization），出自《城市：它的發展、衰敗與未來》（*The City - Its Growth, Its Decay, Its Future*）。

3 資料引自 https://www.fastcompany.com/1680538/what-exactly-is-a-smart-city。

則將其稱為「智慧城市輪」（Smart Cities Wheel）。

根據高漢的設計，智慧城市的具體實踐可分為智慧經濟、智慧政府、智慧市民、智慧生活、智慧交通和智慧環境六大範疇，每一範疇下再細分出三個子項目。而知名市場研究機構Markets & Markets則就此一全球性的城市升級趨勢規模，發布了相關報告，當中提到全球智慧城市市場規模將從二〇二一年的四千五百七十億美元增長到二〇二六年的八千七百三十七億美元，在預測期內的年複合成長率（CAGR）為一三．八%。不斷增長的城市化、對有效管理和利用資源的需求、對快速高效的交通和通勤的需求、對公共安全的關注，以及對健康環境和高效能源消耗的需求增加，預計將成為推動智慧城市市場增長的主要因素[4]。

新北市幅員遼闊，地理環境差異極大，且擁有全台最多的人口數量，如何讓這個形同小國般的大城得以透過智慧施政，靈活解決各項問題，可謂刻不容緩。

自侯友宜上任後，便將「智慧城市」列為其三大施政重點之一，並於「二○一九智慧城市新經濟力論壇」上以智慧生活、智慧安全、智慧經濟、永續環境、智慧政府共五大面向，分享新北市智慧城市發展經驗。

科技創新，躍升國際舞台

二○二二年「智慧城市論壇」（Intelligent Community Forum, ICF）全球21智慧城市（Smart 21），新北市從入圍名單中脫穎而出，榮獲「全球七大頂尖智慧城市」（Top 7）殊榮，成為全球智慧城市標竿，這對新北市民、在地努力推動的產官學各界以及市府團隊來說，無疑是莫大的肯定與鼓勵。

4 資料引自 https://www.marketsandmarkets.com/Market-Reports/smart-cities-market-542.html。

ＩＣＦ的評選為國際間智慧城市領域最具代表性的獎項之一，該組織使用嚴格的分析方法進行謹慎的評選。首先，入圍的二十一個智慧城市皆須完成一份以ＩＣＦ智慧城市指標及年度主題為基礎的詳細問卷；接著一個由分析師組成的國際學術團隊將對問卷進行審查，根據數十個因素對每份問卷加以評分，對候選單位做出定量排名，排名最高的七個候選城市即為ICF Top 7，也代表了二十一世紀經濟和社會轉型的典範。

根據ＩＣＦ的定義，Top 7並非世界上最先進的技術中心、網路最發達的城市或成長最快的經濟體。相反地，每個城市都體現了在寬頻部署和使用、勞動力發展、創新、數位包容（digital inclusion）和倡議方面的最佳實踐，為全球各地區、城市、鄉鎮提供了經驗，也為自己的公民、企業和機構規劃持久繁榮的新道路。在二〇二二年獲選Top 7的城市中，亞洲僅有兩座城市入選，分別為新北市及越南平陽省。ＩＣＦ共同創辦人柴可瑞拉（Louis Zacharilla）於發表演講時指出，今年的七大智慧城市，代表了一群創新者，致力於運用數位創新來提升公民的生活品質，並獲得穩定成長。

ＩＣＦ致力推動並評選全球各地智慧城市已有三十多年，每年都會以「城市整體」進行評比，針對城市資訊基礎建設、政府資訊創新應用、資通訊科技產業以及縮短數位落差等重要議題進行綜合評量，從全球參賽城市中選出該年度最佳國際智慧城市。二〇二一年ＩＣＦ以「數位創新如何推動城市成長」為主題，在疫情大爆發以來，已經證明數位技術和創新，是全球經濟復甦和社會經濟進步最重要的驅動力，加速了相關網路數位服務發展，其中線上醫療服務便是重要的創新。

智慧醫療，用新技術克服新挑戰

在「二〇二二新北市智慧城市國際論壇」上，侯友宜對新北市運用「智慧醫療」抗疫的超前部署，進行了總結。他向在場的來賓分享了新北「智能

新北市利用「智慧醫療」系統，結合線上視訊醫療，在疫情期間不僅為面臨困境的醫療帶來便利，更協助偏鄉解決長者與失能者的健康醫療需求。

衛生所」健康照護平台，以AI、大數據科技及遠距醫療照護概念實現線上視訊看診、配藥、宅配藥品等服務，透過科技精確協助偏鄉解決長者與失能者的健康醫療需求；此外，為因應Omicron疫情，新北市更率先全國試辦居家照護計畫，將原「檢疫隔離關懷中心」升級為「Covid-19居家照護關懷中心」，並於二〇二二年四月試辦運行。面對愈來愈多輕症及無症狀的新冠疫情確診者，市府希望能有效地將醫療量能留給中重症患者及高風險個案，同時落實輕症及無症狀患者的生活及關懷照護，侯友宜認為，這才是讓市民生活回歸常態的必要之路。

在健康照護上，新北市則與十二間責任醫院建立「綠色通道[5]」，結合新北iCare健康雲執行遠端醫療科技防疫，如個案確診，由醫院辦理健康評估及

5　二〇二二年，隨疫情擴大，從原本七間擴增至十二間責任醫院。

分流，衛生所通知民眾進行居隔、解隔、衛教及協助民眾下載新北iCare健康雲，自填疫調、自主監測，醫護人員可透過電話及iCare追蹤確診者的健康情況，若有就醫需求者，安排指定醫院視訊診療，病情加重者透過綠色通道轉送各責任醫院加以治療。

智慧交通，創新應用獲肯定

雪山山脈地區幾乎占新北市面積之半，多山的地形為居民帶來秀麗宜人的風光，卻也在交通方面造成困擾。其中著名的觀光旅遊區烏來即為一例。該區經由環山路可抵達溫泉區、觀光台車、烏來瀑布、雲仙樂園及內洞森林遊樂區，沿線有四處近一百八十度的髮夾彎道，每逢假日期間，大型遊覽車會車不易，易影響行車順暢。為此新北市向交通部爭取經費，在這四處設置了感應式號誌管制系統，大幅提升道路通行的安全與順暢。

山區道路路幅有限，當大型車輛行駛在髮夾彎時，因其車軸較長，轉彎時可能會跨越到對向車道，若對向同時有車輛行經，將造成會車困難，進而導致壅塞及事故。為降低駕駛及用路人的風險，新北市政府於山區一百八十度髮夾彎道設置車輛感應設備、資訊可變標誌（CMS）、攝影機（CCTV）、號誌及號誌控制器等路側設備。

彎道號誌平時閃光運作，當偵測器偵測到有大型車輛抵達時，會啟動號誌三色運作，讓大型車輛先行觸發側給予綠燈通行，對向則給予紅燈管制。確保大型車輛在通行彎道時無對向來車干擾，順利通行彎道。在車輛管制及通行的過程中，系統會透過資訊可變標誌顯示警語，對於受管制通行方向顯示對向有大車通行的訊息，提供紅燈停等之駕駛人管制資訊；對於通行方向則顯示減速慢行的提醒訊息。

以往實施智慧交通控制的專案目標，大多是以車流紓解效益最大化、以平均每車延滯最小化為主要目標。新北市烏來區北107-1線車流量不及一般都會區，卻也建置與智慧交控相同的路側設備、控制策略，以追求安全效益的提升，其感應號誌系統，也榮獲「二〇二一智慧城市創新應用獎」肯定。

科技輔助，升級智慧交通城

除此之外，新北市交通局更領先全國發展「市政交通儀表板」，將「即時預警」、「多元資訊地圖」及「統計分析」三種資訊介面匯入單一平台同時呈現，輔助管理者快速掌握即時交通資訊，提升事件反應能力及降低交通衝擊。

如何運用智慧運輸科技解決交通問題，是新北市近年努力的方向，自二〇一九至二〇二一年三年間已陸續完成汐止大同路、新台五路及淡水民權路等重要路廊改善，大幅降低路口延滯時間五%至二七%。其中「市政交通儀表板」除了車流資訊外，也介接多個單位的資料庫，包含停車場資訊、公共運輸營運概況、交通事故通報、施工管理、劇烈天氣預警及Google旅行時間等資訊；

當有交通異常壅塞、重大交通事故、天然災害發生或連續假期時，管理者可以透過「市政交通儀表板」掌握最即時的交通資訊，並立即進行應變及管制措施；與此同時，交通局還著手打造「交通戰情室」，讓市府各單位在緊急狀況時立即進駐，運用市政交通儀表板所蒐集的即時交通資訊進行戰略討論、策略演練及監控，並將相關訊息利用各種管道，即時反應給用路人，已於二〇二二年九月啟用。

一行動治理，催生高效能的智慧政府一

回顧侯友宜過去數十年身先士卒的刑警生涯，就知道他不是能安坐在辦公室裡、縱容疊床架屋造成效率低下的管理者。

二〇一九年一月六日，新北市首場「行動治理座談會」於泰山鳴槍起跑，

至二〇二二年八月，四年內侯友宜與二十九區、一〇三二位里長舉辦共一七〇場次的行動治理座談會，解決近二四〇〇件案，執行率逾八成。

但究竟什麼是「行動治理」？這項全台獨創的溝通機制，為何被新北市政府民政局長柯慶忠稱為「新領導的思維」？根據長期負責這項政策執行的新北市政府民政局股長石琦瑞表示，行動治理最初的發想者暨發起人，就是市長侯友宜。有鑑於地方基層與政府相關單位的溝通往往未能及時，加上新北市廣袤千里，某些區域地處偏遠，若凡事都要層層上報，市府容易鞭長莫及，問題久經擱置便形成痼疾。

侯友宜為了更快速發現癥結、更有效解決根除弊端，他決定帶著同仁踩上第一線，就像過去經手刑案的思維邏輯——唯有真正走進現場，才能眼見、耳聞真相。

針對行動治理的具體落實方式，石琦瑞解釋，這是一套以區為單位，先集結來自新北市二十九區區內各里意見後，再透過市府聯繫窗口——民政局，與二十九個局處及委員會對接的縝密聯繫系統。

透過里長、里幹事定期的聯繫會報，區公所得以收集來自各里的提案，並評估內容及重要性，交由民政局分發給各相關局處，進行研究磋商。二〇二二年八月，侯友宜在板橋出席當年最後兩場里長座談時表示，行動治理強調市府與基層面對面的溝通機制，因此他與團隊藉由座談會形式，走訪各區聽取基層民意，小從燈亮路平水溝通，大至都更重劃、三環六線、泰山塭仔圳開發、五股垃圾山整治等，面對廣大市民，首要任務就是解決問題、滿足民眾需求，除要求每場座談前事先彙整各里的議題，並透過會勘、案件列管與成立專案等方式，盡力滿足市民的需求。

民政局長

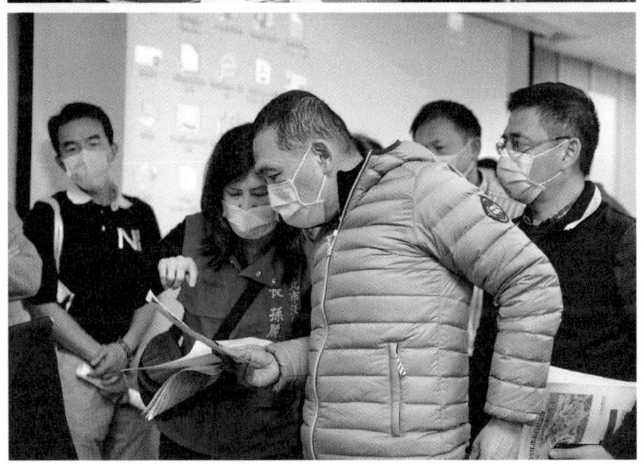

新北市幅員遼闊，為了聽見基層的聲音與需求，侯友宜開創行動治理方式，走遍新北市二十九區，傾聽一〇三二位里長的第一線心聲。

但面對居民的各種反映，以及來自不同區域形形色色的需求，行動治理是否都照單全收？石琦瑞以居民經常反映的淹水問題為例，若是能經由清除連通管、雜物或清疏下水道維持排水順暢的情況，一般都會交由里長自行處理；但倘若牽涉到下水道工程建設，甚至歸屬中央權責（例如增設高速公路出口匝道），就會經由行動治理座談會立案，由市府相關局處接手統籌，或送交中央評估。

行動治理前進東北角，聽到偏鄉的聲音

在全國六十五個內政部定義的「偏遠地區」中，新北市就占了五個，為北台灣之最。正因為城鄉差距與人口分布的懸殊，包括石碇、坪林、平溪在內較

欠缺資源的區域，亟需更多重視與更及時的協助。

以位於新北市最東的貢寮為例，透過行動治理的面對面溝通及里長需求，盼相關單位評估於濱海公路 101.5K 處設置實體測速照相以強化人車安全。負責本案的警察局長黃宗仁於座談會[6]上對此說明，表示瑞芳分局已於當年（二〇二二）六月八日進行會勘，除規劃於台二線 85.8K ~ 87.3K 龍洞隧道路段設置區間執法設備及 108K 增設固定式測速照相設備外，對於 101.5K 處路段目前由瑞芳分局規劃移動式測速照相勤務，假日期間將視交通流量手控彈性調整，引導車輛進出。

此外，烏來區的主要人口集中區域烏來里及忠治里，該處居民多數使用簡易自來水系統，由於二〇一五年蘇迪勒颱風來襲，造成忠治里簡易自來水系統

6 此指二〇二二年六月二十五日於貢寮區公所舉辦的行動治理座談。

受創嚴重，又該區位於山區，地勢因素使得自來水接用不易，住戶經常苦無水管引水，只能仰賴山泉水或是自行載水。

為解決烏來區民眾因位處山區，自來水接用不易的問題，新北市政府於二〇一八年成功向中央爭取約一．一八億元經費辦理「烏來里及忠治里自來水延管工程」，並於二〇二〇年底完工，新設總長約七千五百公尺，管徑約一百及二百公釐之新式自來水延性鑄鐵管，除確保飲用水品質，其耐震度、防漏性及年限皆有大幅提升，不但讓原本忠治里的天空水管成為歷史，更嘉惠約二百戶民眾。

在行動治理的推動下，烏來還增設了五座配水池及忠治、馥蘭朵、西羅岸等加壓站，提升自來水普及率，協助該區自來水供應更加穩定。在列管案及新增提案部分，溫泉管線延伸至堰堤社區及瀑布商圈、孝義里居民居住正義及規劃興建烏來里第二公墓等議題，也都是里長們關心的焦點。

以西瓜、筊白筍生產為特色的三芝地區，當地居民對於農田水利工程等維繫農業生產的基礎建設，自然格外重視。福德里里長郭萬和過去便曾透過行動治理提案，整建錫板溪灌溉溝渠，截至二〇二二年七月為止，已完成錫板溪四條灌溉溝渠二期工程，計約一六〇〇公尺，第三期工程計畫也提送中央農水署，如審核通過，將再施作福德里及錫板里約一七四〇公尺區域灌排，受益面積約十一．九公頃，提供農民穩定的灌溉用水。

位於新北市最北端的石門區，是北海岸地區的濱海漁村聚落，以富基漁港、富貴角等景點吸引大量遊客造訪，卻也同時面對地處偏遠、較難獲得關注的困擾。二〇二〇年，該區德茂里里長花文發於行動治理提出富德溪及八甲溪下游段護岸施作二案，農業局在二〇二一年三月間完成了富德溪護岸工程，八甲溪下游護岸部分亦於四月順利完工，有效提升區域防洪能力。

翌年，在席捲全台的疫情籠罩下，石門區的護岸施作仍持續進行。針對八甲溪右岸毀壞部分，水利局於二〇二二年五月九日開工、六月底完工；石門里施宗南里長及尖鹿里邱朝欉里長為此感謝市府農業局與水利局完成石門溪上游護岸第一期工程及中游護岸前段第一期增高工程，防汛期防災成效良好。

環繞台北、擁抱基隆的新北市，在其名為「台北縣」的數十年間，就已躍居全台人口最多的行政區，升格迄今十年，仍以不間斷的進化速度，向外拓展並向上升級。

革新之於市民，彷彿一劑高效的催化劑，因應瞬息萬狀的時代，加速蛻變的速率；之於侯友宜，它則像是一副堅實可靠的棒球手套，隨時為新北市捕捉發展的機會與可能。

新北市
全國首座
黃永昌

新北市獲國際獎項

截至二〇二二年九月十三日，新北市已獲國際獎項共計四十五項：

類別	獎項	年度	核獎單位
水利建設（1項）	大臺北都會公園獲 2019 全球卓越建設獎公部門基礎建設—銀獎	108	世界不動產聯盟
智慧城市（9項）	全災型智慧化指揮監控中心—危害預警與智慧決策系統及物聯網（AIoT）應用獲 2019 亞太區智慧城市大獎	108	IDC 國際數據公司（International Data Corporation）
	新北智能衛生所市政衛生服務之人工智慧物聯網及區塊鏈應用計畫獲全球智慧城市聯盟第一屆 Go Smart Award 2020 正式獎	109	全球智慧城市聯盟（Go Smart）
	新北智慧社區 APP 公民參與計畫獲 2020 亞太區智慧城市大獎（SCAPA）公民參與首獎	109	IDC 國際數據公司（International Data Corporation）
	2021 GO SMART Award 入圍獎—新北市政府公托監管雲	110	GOSMART Secretariat
	2021 年 IDC 亞太區智慧城市大獎—即時服務生命守護—智慧雲端動態救護系統	110	GOSMART Secretariat
	2021 年世界資訊科技暨服務聯盟智慧城市組首獎	110	IDC 國際數據公司（International Data Corporation）

類別	獎項	年度	核獎單位
續 智慧城市 （9 項）	2022 GO SMART Award 特別獎—智慧城市人本獎「疫情下之輔具遠距服務」	111	GOSMART Secretariat
	2022 GO SMART Award 特別獎—最佳願景城市計畫獎「新北防疫虛擬病房與遠距數位關懷中心 2.0」	111	GOSMART Secretariat
	新北市獲選為 2022 全球 Top 7 智慧城市「全球七大頂尖智慧城市」（Top7）	111	國際智慧城市論壇（Intelligent Community Forum, ICF）
文化觀光 （15 項）	「深澳鐵道自行車 RailBike 一深澳灣絮語」（The Winds of ShenAo Bay），影片榮獲第一屆日本國際觀光影像節「影展主席特別獎」	108	日本國際觀光影像節
	2019iTQi 比利時國際風味暨品質評鑑（International Taste & Quality Institute）獲三星頂級風味（坪林區白青長茶作坊—包種茶）	108	比利時國際風味品質評鑑所（International Taste & Quality Institute, iTQi）
	2019iTQi 比利時國際風味暨品質評鑑（International Taste & Quality Institute） 獲二星頂級風味（三峽茗茶祥興行—蜜香紅茶）	108	比利時國際風味品質評鑑所（International Taste & Quality Institute, iTQi）
	2019iTQi 比利時國際風味暨品質評鑑（International Taste & Quality Institute）獲三星頂級風味（三峽茗茶祥興行—碧螺春）	108	比利時國際風味品質評鑑所（International Taste & Quality Institute, iTQi）

類別	獎項	年度	核獎單位
續 文化觀光 (15 項)	Asia-Pacific's Top Travel Destination 亞太地區最佳旅遊目的地獎	108	泰國「NOW Travel Asia」雜誌
	全球最佳五十大耶誕市集之一（新北歡樂耶誕城）	108	國際知名旅遊網站 Big 7 Travel
	十大魔幻耶誕市集之亞洲耶誕市集（新北歡樂耶誕城）	109	國外旅遊媒體 TripZilla
	2019 年聖誕節海外旅行目的地排行榜（新北市歡樂耶誕城再度入選）	108	日本阪急交通社（旅行社）
	第二回日本國際觀光映像祭「青春山海線— Higher 篇」獲音樂影片優秀賞	109	日本國際觀光映像實行委員會
	第二回日本國際觀光映像祭—「淡蘭古道—功夫篇」獲東亞觀光影片優秀賞	109	日本國際觀光映像實行委員會
	第五十三屆美國休士頓國際影展—「魔幻考古沙坑」獲多媒體展示類金獎	109	美國休士頓國際影展
	2020 The A'Design Award and Competition「2019 新北市歡樂耶誕城—光．織耶誕樹」獲得「燈光裝置藝術銀獎」	109	A' Design Award
	新北市歡樂耶誕城獲國際知名旅遊網站 TravelPulse 推薦全球最佳五十大耶誕市集	109	國際知名旅遊網站「TravelPulse」

類別	獎項	年度	核獎單位
續 文化觀光 (15 項)	德國 2021 紅點產品設計獎—坪林茶山禮盒	110	Red Dot Award
	《淡蘭古道三部曲》榮獲第十四屆「葡萄牙國際觀光電影節」運動與休閒類宣傳片首獎	110	葡萄牙中部影業委員會
工程建設 (4 項)	2019 TIBA AWARDS 第三屆亞太地區優良智慧綠建築暨系統產品獎—既有改造類—金獎（新北市政府行政大樓）	108	社團法人臺灣智慧建築協會
	2020 全球卓越建設獎—總合規劃類銀獎（府中行政園區更新計畫）	109	世界不動產聯盟（FIABCI）
	2021 Architizer A+Awards Government & Civic Buildings (Comma Lab) 榮獲最受歡迎獎	110	2021 Architizer A+Awards
	「2022 全球卓越建設獎」銀獎	111	社團法人中華民國不動產協進會 世界不動產聯盟台灣分會 （FIABCI）
衛生福利 (1 項)	第五十一屆亞太國際公共衛生大會「最佳海報獎」	108	亞太公共衛生學術聯盟
教育 (3 項)	2019 IEYI 世界青少年發明展比賽金牌	108	International Forum for Invention Promotion (IFIP)

類別	獎項	年度	核獎單位
績 教育 (3 項)	2020 IEYI 世界青少年創客發明展世界賽金牌	109	International Forum for Invention Promotion (IFIP)
	德國 iF DESIGN AWARD 2022「新北國中聯絡簿美感再造」計畫	111	德國 iF Design Award
永續發展 (1 項)	iF 設計大獎傳達設計類獎項—地方自願檢視報告	110	iF DESIGN AWARD
防災安全 (1 項)	第十八屆 ICEM(國際急診醫學會)救護競賽—高級創傷救命術組競賽第二名(消防局四名高級救護技術員)	108	ICEM(國際急診醫學會)
運動賽事 (10 項)	2019 年廣州地板滾球公開賽 BC3 軌道雙人賽冠軍(八里愛心教養院)	108	Boccia International Sports Federation
	2019 蒙古亞洲競技體操錦標賽平衡木金牌(三重高中丁華恬)	108	2019 年烏蘭巴托亞洲體操錦標賽
	2019 年國際少年運動會(ICG)獲五金三銀七銅(新北市代表隊)	108	國際少年運動會
	第四屆海峽兩岸暨港澳機械人大賽及 2019STEAM 嘉年華獲遙控輪型機械人擂臺比賽五公斤組冠軍(安康高中)	108	香港教育工作者聯會
	第四屆海峽兩岸暨港澳機械人大賽及 2019STEAM 嘉年華獲遙控輪型機械人擂臺比賽 2.5 公斤組冠軍(安康高中)	108	香港教育工作者聯會

類別	獎項	年度	核獎單位
續 運動賽事 （10 項）	第四屆海峽兩岸暨港澳機械人大賽及 2019STEAM 嘉年華獲遙控輪型機械人擂臺比賽循跡車 B 組季軍（安康高中）	108	香港教育 工作者聯會
	2019 第四屆海峽兩岸青少年創客大賽獲成人組一等獎—冠軍（板橋高中）	108	上海市人民政府臺灣事務辦公室、滬港大學聯盟、同濟大學
	2019 國際技能競賽（2019 WorldSkills Kazan）獲一金、三銀及一優勝	108	國際技能組織（WorldSkills International, WSI）
	2019 瑞士日內瓦杯國際巧固球邀請賽冠軍（三民高中）	109	瑞士巧固球總會
	2022 第十九屆世界警察消防運動會本府消防局隊員黃謙華於五十公尺蛙式（十八至二十九歲組）及一百公尺蛙式，勇奪兩面金牌	111	美國加州警察體育總會（CPAF）

社會人文——BGB527

大城 小國

讓新北市微笑吧！

口述　侯友宜
採訪撰稿　傅士玲

總編輯　吳佩穎
責任編輯　張立雯
文字校對　魏秋稠
封面設計　朱陳毅
內頁設計及排版　任宥騰
照片提供　新北市政府

出版者　遠見天下文化出版股份有限公司
創辦人　高希均、王力行
遠見・天下文化 事業群董事長　高希均
事業群發行人　CEO　王力行
天下文化社長　林天來
天下文化總經理　林芳燕
國際事務開發部兼版權中心總監　潘欣
法律顧問　理律法律事務所陳長文律師
著作權顧問　魏啟翔律師
地址　台北市 104 松江路 93 巷 1 號 2 樓

讀者服務專線　02-2662-0012
傳真　02-2662-0007, 02-2662-0009
電子郵件信箱　cwpc@cwgv.com.tw
直接郵撥帳號　1326703-6 號 遠見天下文化出版股份有限公司

製版廠—中原造像股份有限公司
印刷廠—中原造像股份有限公司
裝訂廠—中原造像股份有限公司
登記證　局版台業字第 2517 號
總經銷　大和書報圖書股份有限公司
電話　(02)8990-2588
出版日期　2022 年 11 月 4 日第一版第 1 次印行
　　　　　2022 年 12 月 23 日第一版第 3 次印行

定價　NT420　元
ISBN　978-986-525-815-3
書號　BGB527
天下文化官網　bookzone.cwgv.com.tw

國家圖書館出版品預行編目 (CIP) 資料

大城小國：讓新北市微笑吧！
侯友宜　口述／傅士玲　採訪撰稿
遠見天下文化出版股份有限公司 , 2022.11
— 面：公分 — 臺北市 (社會人文 BGB527)

ISBN 978-986-525-815-3(平裝)
1. 侯友宜 2. 臺灣傳記 3. 地方自治 4. 新北市

783.3886　　111013671